W9-CFK-799

El Evangelio de Judas

EL EVANGELIO DE JUDAS

del Códice Tchacos

EDITADO POR
RODOLPHE KASSER,
MARVIN MEYER
y GREGOR WURST

en colaboración con
FRANÇOIS GAUDARD

NATIONAL GEOGRAPHIC

MASSANUTTEN REGIONAL LIBRARY
Harrisonburg, VA 22801

Spanish 229
E

Publicado por National Geographic Society

Título original: *The Gospel of Judas, from Codex Tchacos*
Edición: Rodolphe Kasser, Marvin Meyer and Gregor Wurst
Traducción: Domingo Almendros
Realización edición española: Editec

© 2006, National Geographic Society
© de la traducción: 2006, Domingo Almendros

Primera edición: Junio 2006

Reservados todos los derechos.
Ninguna parte de esta publicación
puede ser reproducida, almacenada
o transmitida por ningún medio
sin permiso del editor.

ISBN-10: 1-4262-0062-5
ISBN-13: 978-1-4262-0062-5

⁴ Sumario

El códice Tchacos en 2001

Introducción

A lo largo de los años las arenas de Egipto han entregado incontables tesoros y maravillas arqueológicas, y ahora nos hacen otra espectacular entrega: el Evangelio de Judas, recientemente descubierto y publicado ahora por primera vez.

El mismo título del texto, el Evangelio de Judas (Judas Iscariote), ya impresiona. En los evangelios del Nuevo Testamento y en la mayor parte de la tradición cristiana Judas Iscariote es presentado como la quintaesencia de la traición, el traidor a Jesús que entregó a su maestro a las autoridades de Roma, y poco hay en su personalidad que pueda conectarlo con el evangelio, o "buenas nuevas", de Jesús. En el Evangelio de Lucas se dice que Satanás entró en Judas y lo empujó a su despreciable acción; y en el Evangelio de Juan, Jesús se dirige a sus doce discípulos y les dice que uno de ellos, Judas, lleva dentro a Satanás. El final de Judas, según el Nuevo Testamento, es tan ignominioso como sus actos.

Acepta de las autoridades dinero manchado de sangre por traicionar a Jesús, y se ahorca (según Mateo) o se abre el vientre y tiene una muerte horrible (según los Hechos). El arte cristiano suele representar a Judas realizando lo que le hizo ganar un lugar en la infamia: traicionar a Jesús con un beso, el beso de Judas.

Pero incluso en el Nuevo Testamento hay algo fascinante en la historia de Judas Iscariote. El relato de la traición de Judas a Jesús sigue siendo una historia intensa y conmovedora: Jesús es traicionado por uno de sus amigos más íntimos. En los evangelios del Nuevo Testamento Judas forma parte del círculo de apóstoles de Jesús, y según el Evangelio de Juan, Judas hacía de tesorero del grupo y a él le eran confiados los fondos que Jesús y sus discípulos pudiesen tener. Es más, en la Última Cena ¿no fue el propio Jesús quien dijo a Judas que hiciera lo que tenía que hacer, y que lo hiciese con presteza? ¿Acaso todo ello no formaba parte del plan divino de que Jesús muriese por los pecados de los hombres y se levantara de entre los muertos al tercer día? Sin Judas y su beso ¿habrían tenido lugar la Crucifixión y la Resurrección?

El enigma de Judas Iscariote, el discípulo y traidor a Jesús, ha sido analizado por muchos estudiosos que se preguntaban por el carácter de Judas y sus motivaciones. La literatura acerca de Judas es abundante e incluye conocidos trabajos de eruditos académicos y literatura moderna: *Tres versiones de Judas*, de Jorge Luis Borges; *El maestro y Margarita*, de Mijail Bulgakov; *Judas: Ein Jünger des Herrn*, de Hans-Josef Klauck; *Judas: Betrayer or Friend of Jesus?*, de William Klassen; *Judas Iscariot and the Myth of Jewish Evil*, de Hyam Maccoby, y la pieza teatral de Marcel Pagnol *Judas*.

En el musical rock *Jesucristo Superstar*, Judas Iscariote casi le roba el protagonismo, y su presencia y sus canciones nos dan una imagen bastante favorable de la profundidad de su devoción hacia Jesús. En la canción *Con Dios de nuestra parte*, Bob Dylan dice de Judas:

> *Tendrás que decidir*
> *Si Judas Iscariote*
> *Tenía a Dios de su parte.*

El Judas Iscariote del Evangelio de Judas traiciona a Jesús, pero también es el héroe del relato. Dice a Jesús: "Sé quién eres y de dónde vienes. Vienes del reino inmortal de Barbelo. Y yo no soy digno de pronunciar el nombre de aquel que te ha enviado". En el mundo espiritual del Evangelio de Judas, admitir que Jesús pertenece al "reino inmortal de Barbelo" es reconocer que es un ser divino, y expresar la inefabilidad del nombre de aquel que envió a Jesús es admitir que el verdadero Dios es el Espíritu infinito del universo. A diferencia de los otros apóstoles, que malinterpretan a Jesús y no pueden sostener su mirada, Judas comprende quién es Jesús, asume su papel frente a él y aprende de él. Finalmente, Judas traiciona a Jesús en el Evangelio de Judas, pero lo hace de manera muy consciente y porque Jesús se lo pide abiertamente. Jesús dice a Judas, refiriéndose a los otros apóstoles: "Tú los superarás a todos, porque tú sacrificarás el cuerpo en el que vivo". De acuerdo con el Evangelio de Judas, Jesús es salvador no a través de la carne mortal en la que habita, sino porque puede mostrar el alma o el espíritu que hay en su interior, y el verdadero lugar al que pertenece Jesús no es el imperfecto mundo terrenal, sino el mundo divino de luz y vida. Para el Jesús del Evangelio de Judas la muerte no es una tragedia ni un mal necesario para conseguir el perdón de los pecados. En el Evangelio de Judas, a diferencia de los evangelios del Nuevo Testamento, Jesús ríe mucho. Se burla de las flaquezas de sus discípulos y de lo que tiene de absurdo la vida humana. La muerte, como salida de esta absurda existencia física, no es algo terrible que haya que temer. Lejos de ser motivo de tristeza, la muerte es el instrumento para liberar a Jesús de la carne y permitirle el regreso a su mundo celestial, y traicionando a Jesús Judas ayuda a su amigo a deshacerse de su cuerpo y liberar su ser interior, su ser divino.

Este punto de vista del Evangelio de Judas difiere en varios aspectos del expresado en los evangelios del Nuevo Testamento. Durante los años de estructuración de la Iglesia cristiana se redactaron muchos evangelios, además de los canónicos de Mateo, Marcos, Lucas y Juan. Entre los otros evangelios que han llegado hasta nosotros, enteros o en parte, están el Evangelio de la Verdad y los evangelios de Tomás, Pedro, Felipe, María, los Ebionitas, los Nazarenos, los Hebreos y los Egipcios, por citar unos cuantos, y esos evangelios dan testimonio de la rica diversidad de enfoques del cristianismo primitivo. El Evangelio de Judas fue otro de los escritos por los primeros cristianos cuando se esforzaban por hacer entender de alguna manera quién es Jesús y cuál era el camino para seguirlo.

El Evangelio de Judas se puede clasificar entre los que solemos llamar evangelios gnósticos. Parece ser que fue redactado hacia mediados del siglo II, seguramente a partir de ideas y fuentes anteriores, y representa una forma temprana de espiritualidad que da gran importancia a la *gnosis* o conocimiento, conocimiento místico, conocimiento de Dios y de la unicidad esencial de la naturaleza de Dios. A esta clase de espiritualidad se la suele llamar "gnóstica", pero en el mundo antiguo se discutió el uso de este término y el debate aún continúa entre los eruditos. Una aproximación a Dios tan directa como la que encontramos en la espiritualidad gnóstica no requiere de intermediarios —a fin de cuentas, Dios es el espíritu y la luz interior— y las referencias de la Iglesia primitiva y de los padres de la Iglesia nos dicen que a sus obispos y sacerdotes les disgustaban aquellos gnósticos librepensadores. Los escritos de los defensores del dogma están llenos de acusaciones contra los gnósticos de albergar pensamientos malignos y entregarse a actividades ilícitas. La controversia nunca es agradable, y los textos escritos con intención polémica, como los dirigidos contra los herejes, con frecuencia intentan desacreditar a los oponentes levantando sospechas sobre sus pensamientos y su vida. El Evangelio de Judas devuelve el favor acusando a los guías y miembros de la naciente Iglesia cristiana de toda clase de conductas deshonrosas. Según el Evangelio de Judas, esos rivales cristianos sólo son lacayos del dios que gobierna este mundo inferior, y sus vidas son el reflejo del repugnante modo de ser de ese dios.

El Evangelio de Judas menciona a Set, bien conocido por el libro bíblico del Génesis, y concluye que los seres humanos que tienen conocimiento de Dios son descendientes de Set. Esta forma particular de pensamiento gnóstico a veces es llamado sético por los estudiosos. En el relato incluido en el libro del Génesis, Set, tercer hijo de Adán y Eva, nació tras el trágico episodio de violencia en la primera familia disfuncional que acabó con la muerte de Abel y la condena de Caín. Se sugiere que Set representa un nuevo comienzo para la Humanidad. Pertenecer a la estirpe de Set, pues, según el Evangelio de Judas y otros libros séticos semejantes, es ser parte de la Humanidad iluminada. Ésa es la buena nueva de salvación en textos séticos como el Evangelio de Judas.

En la parte central de este evangelio, Jesús enseña a Judas los misterios del universo. En el Evangelio de Judas, como en otros evangelios gnósticos, Jesús es en primer lugar un maestro y revelador de sabiduría y conocimiento, no un salvador que muere por los pecados del mundo. Para los gnósticos, el problema fundamental de la vida humana no es el pecado, sino la ignorancia, y la mejor manera de atacar ese problema no es mediante la fe, sino mediante el conocimiento. En el Evangelio de Judas, Jesús transmite a Judas, y a los lectores del evangelio, el conocimiento que puede erradicar la ignorancia y conducir a la conciencia de uno mismo y de Dios.

Pero esta parte reveladora del Evangelio de Judas puede presentar dificultades al lector moderno. El origen principal de esas dificultades es que el punto de vista de la revelación gnóstica de los séticos difiere sustancialmente de la filosofía, la teología y la cosmología propias de la tradición europea. Roma y el cristianismo ortodoxo acabaron imponiéndose, y, como ya hizo notar Borges a propósito de los relatos gnósticos que estaba comentando, "si hubiese ganado Alejandría en lugar de Roma, las extravagantes y enrevesadas historias que he resumido aquí serían coherentes, majestuosas y perfectamente vulgares". Los gnósticos de Alejandría y Egipto no vencieron en las guerras teológicas desatadas durante los siglos II, III y IV, y tampoco el Evangelio de Judas lo consiguió, y por ello textos como el Evangelio de Judas, con sus puntos de vista diferentes, contienen ideas que ahora suenan extrañas.

Con todo, la revelación transmitida por Jesús a Judas en el Evangelio de Judas aún muestra una teología y una cosmología bastante sofisticadas. La propia revelación contiene pocos elementos cristianos, y si los eruditos entienden bien el desarrollo de las tradiciones gnósticas, las raíces de esas ideas pueden hundirse en el siglo primero e incluso antes, en los círculos filosóficos y gnósticos judíos abiertos a las ideas grecorromanas. Jesús dice a Judas que en el principio había una deidad infinita y enteramente trascendente, y que a través de una compleja serie de emanaciones y creaciones los cielos se llenaron de luz y gloria divinas. Esa deidad infinita es tan sublime que ninguna palabra puede describirla adecuadamente; incluso la palabra *Dios*, se proclama, es insuficiente e inadecuada para la deidad. De todos modos el mundo inferior es el dominio de un señor menor, un dios creador llamado Nebro ("Rebelde") o Yaldabaot, que es maligno y ruin, y de ahí los problemas de nuestro mundo y la necesidad de atender a la voz de la sabiduría y tomar conciencia de la luz divina que albergamos. Para estos creyentes, el misterio más profundo del universo es que el espíritu de la divinidad habita en algunos seres humanos. Aunque vivimos en un mundo imperfecto que demasiado a menudo es el reino de las tinieblas y la muerte, podemos ir más allá de la oscuridad y abrazar la vida. Somos mejores que este mundo, le explica Jesús a Judas, porque pertenecemos al mundo de la divinidad. Si Jesús es el hijo de la divinidad, entonces también todos nosotros somos criaturas de la divinidad. Todo lo que tenemos que hacer es vivir de ese conocimiento de la divinidad, y seremos iluminados.

En contraste con los evangelios del Nuevo Testamento, en el Evangelio de Judas se presenta a Judas Iscariote como una figura completamente positiva, un modelo para todos los que quieran seguir a Jesús. Probablemente por eso el Evangelio de Judas termina con la historia de la traición a Jesús y no con su crucifixión. La esencia del evangelio es la lucidez y la lealtad de Judas como paradigma del discipulado. Al final, hace exactamente lo que Jesús quiere. Pero en la tradición bíblica Judas, cuyo nombre quedó ligado a "judío" y "judaísmo", solía ser presentado como el malvado judío que hizo que detuvieran y mataran a Jesús, y a partir de ello la figura bíblica de Judas el Traidor avivó las llamas del antisemitismo. El Judas de este evangelio puede contrarrestar esa tendencia antisemita. No hace nada que no le haya pedido el propio Jesús, lo escucha y mantiene su fe en él. En el Evangelio de Judas, Judas Iscariote resulta ser el discípulo amado y amigo íntimo de Jesús. Además, los misterios que aprende de Jesús están embebidos de la tradición gnóstica judía, y quien le revela esos misterios, Jesús, es el maestro, el rabino. El Evangelio Cristiano de Judas es acorde con una perspectiva judía —una perspectiva judía alternativa, ciertamente— de pensamiento gnóstico, y el pensamiento gnóstico judío es lo que se ha ha dado en llamar pensamiento gnóstico cristiano.

En este libro Jesús repite la convicción platónica de que cada persona tiene su propia estrella y que la suerte de las personas está ligada a sus estrellas. Judas, dice Jesús, tiene también su estrella. Hacia el final del texto, justo antes de que Judas se transfigure y se encienda como una nube luminosa, Jesús le pide que mire al cielo y observe las estrellas y su exhibición de luz. Hay muchas estrellas en el firmamento, pero la de Judas es especial. Como le dice Jesús, "la estrella que marca el camino es tu estrella".

Este volumen ofrece la primera publicación del Evangelio de Judas en tiempos modernos. Es la primera aparición conocida de este extraordinario evangelio desde que era leído en la Iglesia primitiva y antes de que fuera escondido en Egipto. El Evangelio de Judas fue al parecer descubierto, como tercero de los textos incluidos en un códice en papiro (conocido como Códice Tchacos), en la década de 1970 en el Medio Egipto. Es una traducción al copto, aunque sin duda fue redactado en griego, probablemente a mediados del siglo II. Esta fecha es confirmada por una declaración del padre de la Iglesia Ireneo de Lyon, quien se refirió a un Evangelio de Judas en su obra *Adversus haereses* (*Contra las herejías*), escrita hacia 180. Como Gregor Wurst demuestra en su ensayo, el Evangelio de Judas mencionado por Ireneo y más tarde por otros ahora puede ser identificado como una versión del Evangelio de Judas del Códice Tchacos. La traducción al copto del Evangelio de Judas es con toda probabilidad un poco más antigua que la copia incluida en el Códice Tchacos, que probablemente es de principios del siglo IV, aunque la datación con carbono 14 permitiría atribuirle una fecha algo más temprana.

La primera traducción (al inglés) publicada del Evangelio de Judas se basó en el trabajo en común de Rodolphe Kasser, Marvin Meyer y Gregor Wurst, junto con François Gaudard. Rodolphe Kasser, profesor emérito de la Facultad de Artes de la Universidad de Ginebra (Suiza), es ampliamente conocido entre los especialistas en copto, y es el editor de varios importantes códices griegos y coptos. Marvin Meyer, profesor de la Biblia y de Estudios Cristianos en la Universidad Chapman de Orange (California), ha centrado una gran parte de su trabajo de investigación en los textos de la biblioteca de Nag Hammadi. Gregor Wurst, profesor de Historia del Cristianismo en la Facultad de Teología Católica de la Universidad de Augsburgo (Alemania), se dedica a la investigación y la publicación de trabajos sobre coptos y maniqueos. François Gaudard, egiptólogo e investigador adjunto en el Instituto Oriental de la Universidad de Chicago, está especializado en las lenguas copta y demótica. Al comienzo de 2001 el professor Kasser asumió, con la conservadora Florence Darbre y (desde 2004) el professor Wurst, el trabajo hercúleo de ordenar y unir los fragmentos de papiro, grandes y pequeños, de un códice que necesitaba una considerable reconstrucción. La traducción al inglés del Evangelio de Judas que salió de aquel trabajo fue consensuada por todos los traductores, y es el origen de la versión que publicamos aquí. En la traducción, los números de las páginas del manuscrito van entre corchetes ([...]), y en los comentarios que la acompañan se hacen las referencias a las secciones del texto mediante esos números de página. También se usan los corchetes para indicar lagunas debidas a la pérdida de tinta o de papiro. A veces las palabras o nombres parcialmente recuperados van entre corchetes, para indicar la parte que se conserva en el manuscrito. Cuando un fragmento menor a una línea es irrecuperable se incluyen tres puntos entre los corchetes; si el fragmento es mayor que una línea se indica entre los corchetes el número aproximado de líneas que faltan. Por la naturaleza fragmentaria del manuscrito y los fragmentos de texto que siguen sin esclarecer, hay lagunas bastante grandes en las que falta una cantidad considerable de líneas. A veces se usan los signos "<" y ">" para marcar las correcciones de errores del texto. Las traducciones alternativas y los problemas particulares de traducción se incluyen en las notas al pie. El texto completo del Códice Tchacos se publicará en una edición crítica con fotografías del original, texto en copto, inglés, francés y alemán, notas, presentaciones, índices y un ensayo sobre los aspectos dialécticos del copto. Hasta donde podemos estar seguros, el Códice Tchacos es un libro de sesenta y seis páginas que incluye cuatro obras:

- Una versión de la carta de Pedro a Felipe (páginas 1 a 9), ya conocida por el Códice VIII de Nag Hammadi.
- Un texto titulado "Santiago" (páginas 10 a 30 [?]), que es una versión de la Primera revelación de Santiago del Códice V de Nag Hammadi.
- El Evangelio de Judas (páginas 33 a 58).

– Un texto titulado provisionalmente Libro de Alógenes (o "el Extranjero", un apodo de Set, hijo de Adán y Eva, en los textos gnósticos), desconocido hasta ahora (páginas 59 a 66).

El códice fue comprado por la Fundación Mecenas de Arte Antiguo en 2000 y presentado a Rodolphe Kasser en 2001. Kasser informó de su trabajo con el Evangelio de Judas y el Códice Tchacos en 2004 en París, en el octavo congreso de la Asociación internacional de estudios cópticos. Desde entonces se ha generado un gran interés y han surgido muchas conjeturas sobre el Evangelio de Judas, y por ello lo publicamos, para hacerlo accesible sin más demora.

Mientras se imprimía este volumen se encontró otro fragmento de papiro del Evangelio de Judas, la parte inferior de las páginas 37 y 38, y nos fue entregado. Lo transcribimos y tradujimos tan rápido como fue posible, pero no pudimos incluir una referencia a esa parte en los ensayos adjuntos. Como se puede apreciar en la traducción, la parte del Evangelio de Judas escrita en las últimas líneas de la página 37 sigue describiendo la escena de Jesús con sus discípulos antes de ver el templo. Después de unas palabras de Jesús que dejan preocupados a sus discípulos, el texto cuenta que Jesús volvió a reunirse con sus discípulos otro día para mantener otra conversación. En el fragmento final de la página 38 los discípulos responden a una pregunta de Jesús con una discusión acerca de supuestas faltas cometidas por los sacerdotes en el templo, con comentarios que prefiguran la interpretación alegórica de la visión del templo y de quienes hay en él dada por Jesús a partir de la página 39. La restitución de este gran fragmento del papiro, además de lo que completa el texto del Evangelio de Judas, hace más inteligible la trama y el mensaje de este fascinante evangelio.

La traducción del Evangelio de Judas se presenta de manera que haga más comprensible el texto. Los traductores han incluido subtítulos en la traducción (que no están en el propio texto) para hacer más clara la estructura y el hilo del discurso. La traducción va acompañada por frecuentes notas al pie, y en el comentario que sigue al evangelio hay ensayos de Rodolphe Kasser, Bart Ehrman, Gregor Wurst y Marvin Meyer que dan indicaciones para ayudar a interpretar el Evangelio de Judas. Rodolphe Kasser comenta la historia del Códice Tchacos y la recuperación del Evangelio de Judas. Bart Ehrman, titular de la cátedra James A. Gray de Estudios Religiosos en la Universidad de Carolina del Norte, hace una exposición general del enfoque espiritual alternativo del Evangelio de Judas. Gregor Wurst analiza los alegatos de Ireneo de Lyon y de otros padres de la Iglesia contra el Evangelio de Judas a la luz del presente texto. Marvin Meyer hace un análisis más detallado de los aspectos gnósticos del texto y los relaciona con otras muestras de literatura religiosa en el mundo de la Iglesia primitiva.

Estos ensayos se ocupan extensamente de las cuestiones que se tratan en el Evangelio de Judas, y pueden ayudar a esclarecer varios problemas de interpretación. Algunos de los ensayos incluyen notas, publicadas al final del volumen, con indicaciones para ampliar la interpretación y lecturas complementarias. Las notas están ordenadas con referencias a las páginas y líneas de cada ensayo en las que se comenta el asunto en cuestión.

Después de estar perdido durante dieciséis siglos, o más, el Evangelio de Judas ha sido por fin encontrado. Los autores de este volumen esperan que el Evangelio de Judas pueda contribuir a nuestro conocimiento y apreciación de la historia, el desarrollo y la diversidad de la Iglesia primitiva y arroje alguna luz sobre los constantes problemas a los que se enfrentó en aquel periodo de constitución.

Marvin Meyer

EL EVANGELIO DE JUDAS

EL EVANGELIO DE JUDAS

INTRODUCCIÓN: ÍNCIPIT

Crónica[1] secreta de la revelación[2] hecha por Jesús en conversación con Judas Iscariote durante una semana[3] tres días antes de celebrar la Pascua.[4]

---

1 O "tratado", "discurso", "palabra" (copto, del griego *logos*). El inicio del texto también se podría traducir como "La palabra reveladora secreta" o "La palabra explicatoria secreta". Bastantes palabras derivadas del griego aparecen en el texto copto del Evangelio de Judas como extranjerismos.

2 O "declaración", "exposición", "afirmación" (copto, del griego *apophasis*). En su *Refutación de todas las herejías* (6.9.4–18.7), Hipólito de Roma cita otro trabajo, atribuido a Simón Mago, que usa las mismas palabras griegas en el título: *Apophasis megal?* —Gran revelación (o declaración, exposición, afirmación). El íncipit, o inicio, de este texto dice: "El relato secreto de la revelación de Jesús" (o algo así). El título que aparece debajo se encuentra al final del texto.

3 Literalmente, "durante ocho días", probablemente queriendo indicar una semana.

4 O quizá, aunque es mucho menos probable, "tres días antes de su pasión". El Evangelio de Judas narra sucesos descritos como acaecidos en un corto espacio de tiempo que culminó con la traición de Judas a Jesús. En el Nuevo Testamento, v. Mateo 21:1–26:56; Marcos 11:1–14:52; Lucas 19:28–22:53; Juan 12:12–18:11.

LA MISIÓN TERRENAL DE JESÚS

Cuando Jesús bajó a la Tierra, hizo milagros y grandes portentos para la salvación de la Humanidad. Y como algunos [iban] por el camino de la rectitud mientras otros se daban a las transgresiones, fueron convocados los doce discípulos.[5]

Él comenzó a hablar con ellos de los misterios[6] ultraterrenos y de lo que ha de suceder al final. Muchas veces no se presentaba a sus discípulos en su propia figura, sino que aparecía entre ellos como un niño.[7]

ESCENA 1: *Diálogo de Jesús con sus discípulos. La oración de agradecimiento o eucaristía.*

Un día él estaba con sus discípulos en Judea, y los encontró reunidos y sentados en actitud devota.[8] Cuando él [se acercó a] sus discípulos, [34] reunidos y sentados ofreciendo una oración de agradecimiento[9] ante el pan, [él] rió.[10] Los discípulos [le] dijeron: "Maestro, ¿por qué

---

5 Sobre la convocatoria de los doce discípulos, v. Mateo 10:1–4; Marcos 3:13–19; Lucas 6:12–16.

6 Copto, del griego, *emmustērion*, de aquí en adelante.

7 Copto sahídico, *hrot*, que aquí tomamos como una forma de la palabra del copto bohaírico *hortef*, "aparición". Acerca de las apariciones de Jesús como un niño, v. Libro secreto de Juan (Códice Nag Hammadi II) 2; Revelación de Pablo 18; Hipólito de Roma: *Refutación de todas las herejías*, donde Hipólito reproduce el relato de una aparición del Verbo (*Logos*) a Valentín como un niño; Evangelio de Tomás 4. Sobre las apariciones de Jesús como una visión, v. Hechos de Juan, Segundo discurso del gran Set y Revelación de Pedro de Nag Hammadi.

8 Literalmente, "ejercitando (o practicando) su piedad" (copto, parcialmente del griego, *euergumnaze etmntnoute*; v. 1 Timoteo 4:7).

9 Copto, del griego, *euereukharisti*.

10 La escena evoca, en parte, relatos de la Última Cena, especialmente la bendición del pan, o descripciones de algunas otras comidas sagradas del judaísmo y el cristia-

te ríes de [nuestra] oración de agradecimiento?[11] ¿Qué hicimos? [Esto] es lo correcto".[12]

Él respondió diciéndoles: "No me río de vosotros. <Vosotros> no hacéis esto por vuestra voluntad, sino porque ésta es la forma en que vuestro dios [debe ser] alabado".[13] Ellos dijeron: "Maestro, tú eres [...] el hijo de nuestro dios".[14] Jesús les respondió: "¿Cómo me conocéis? En verdad, [yo] os digo[15] que ningún descendiente de los que están entre vosotros me conocerá".[16]

DISGUSTO DE LOS DISCÍPULOS

Cuando los discípulos oyeron esto fueron presa del disgusto y la furia y en su interior comenzaron a blasfemar contra él.

---

nismo. El lenguaje específico usado aquí recuerda aún más la celebración cristiana de la eucaristía; v. otros comentarios críticos a las formas de culto de la naciente Iglesia ortodoxa incluidos en el Evangelio de Judas. Acerca de Sobre la risa de Jesús, v. Segundo discurso del gran Set 56; Revelación de Pedro 81; otros varios pasajes del Evangelio de Judas.

11 O "eucaristía" (copto, del griego, *eukharistia*).

12 O "¿No hemos hecho lo correcto?"

13 O "[recibirá] agradecimiento". También se puede traducir esta frase como una pregunta: "Pero, ¿es ésta la forma en que vuestro dios [debe ser] alabado?". El dios del cual se habla como dios de los discípulos no es la alabada deidad de los cielos, sino más bien el señor de este mundo.

14 V. la confesión de Pedro en Mateo 16:13-20, Marcos 8:27-30 y Lucas 9:18-21. Aquí, de todos modos, los discípulos reconocen equivocadamente que Jesús es el hijo de su propio dios.

15 O "Amén os digo". Ésa es la habitual declaración de autoridad previa a los dichos de Jesús en la literatura paleocristiana. Aquí y en el resto del Evangelio la fórmula usada es la expresión copta *hamēn* (del hebreo *'amen*).

16 En el Evangelio de Judas y en otros textos séticos se hace distinción entre las generaciones humanas y "aquella generación" (en copto, *tgenea etemmau*), la gran generación de Set; es decir, los gnósticos. En toda la literatura sética (por ejemplo, en la Revelación de Adán) puede también haber referencias a la estirpe de Set como "aquella gente" (en copto, *nirōme etemmau*).

Cuando Jesús vio que no [entendían, se dirigió] a ellos: "¿Por qué os alteráis hasta la ira? Vuestro dios, que está en vuestro interior [...][17] [35] ha hecho crecer la ira [en] vuestras almas. [Que] alguno de vosotros que sea [lo bastante fuerte] entre los seres humanos deje manifestarse al humano perfecto y se presente ante mí".[18] Todos ellos dijeron: "Tenemos la fuerza".

Pero sus espíritus[19] no tuvieron valor para estar frente [a él], excepto el de Judas Iscariote. Él fue capaz de aguantar frente a Jesús pero no de sostenerle la mirada, y volvió el rostro.[20]

---

17 Quizá "[sus poderes]", o algo así.

18 La reconstrucción no es segura. Aquí Jesús dice que la ira que crece en los corazones de sus discípulos es provocada por el dios que hay en su interior. Jesús los desafía a dejar que su verdadera persona, la espiritual, se exprese y se presente ante él.

19 Aquí y en el resto del texto "espíritu" parece significar "ser viviente"; v. Evangelio de Judas 43, 53.

20 De los discípulos, sólo Judas tiene la fuerza necesaria para mantenerse frente a Jesús, y lo hace con modestia y respeto. Sobre Judas desviando su mirada ante Jesús, v. Evangelio de Tomás 46, donde se dice que la gente debería mostrar una forma semejante de modestia bajando sus ojos ante Juan el Bautista.

21 O "eón", de aquí en adelante.

22 En el evangelio de Judas el verdadero reconocimiento de quién es Jesús viene del propio Judas. Admitir que Jesús viene del reino (o eón) inmortal de Barbelo es admitir, en términos séticos, que Jesús pertenece al divino reino celestial y es hijo de Dios. En los textos séticos Barbelo es la divina Madre de todos, de quien muchas veces se dice que es la Providencia (*pronoia*) del Padre, el Ser infinito. El nombre Barbelo parece basado en una forma del Tetragrámaton, el sagrado nombre de cuatro letras de Dios en el judaísmo, y aparentemente viene del hebreo, tal vez "Dios (superlativo *El*) en (*b*-) cuatro (*arb*(*a*))". Sobre las apariciones de Barbelo en la literatura sética, v. Libro secreto de Juan II:4-5; Libro sagrado del gran Espíritu Invisible (también conocido como Evangelio egipcio; Códice Nag Hammadi III) 42, 62, 69; Zostrianos 14, 124, 129; Alógenes el Extranjero 51, 53, 56; Pensamiento trimorfo 38.

23 Quien ha enviado a Jesús es el inefable Dios. El carácter inefable de la divinidad también se afirma en el Evangelio de Judas 47 y se remarca en textos séticos como el Libro secreto de Juan, al Libro sagrado del gran Espíritu Invisible y Alógenes el Ex-

Judas le [dijo]: "Sé quién eres y de dónde vienes. Tú perteneces al reino inmortal[21] de Barbelo[22]. Y yo no soy digno de pronunciar el nombre de quien te ha enviado".[23]

JESÚS HABLA EN PRIVADO CON JUDAS

Sabiendo que Judas reflexionaba sobre algo elevado, Jesús le dijo: "Manténte alejado de los otros y te explicaré los misterios del reino.[24] Puedes alcanzarlo, pero a costa de gran sufrimiento. [36] Porque algún otro te reemplazará, para que los doce [discípulos] puedan volver a cumplir con su dios".[25]

Judas le dijo: "¿Cuándo me explicarás estas cosas, y cuándo llegará el gran día de la luz para la estirpe [...][26]?". Pero cuando dijo eso, Jesús se fue de su lado.[27]

ESCENA 2: *Jesús vuelve a aparecerse a sus discípulos.*

A la mañana siguiente a suceder esto [28] Jesús [apareció] otra vez ante sus discípulos.[29]

Ellos le dijeron: "Maestro, ¿adónde fuiste y qué hiciste cuando nos dejaste?".

---

tranjero. En el Evangelio de Tomás 13, Tomás declara a Jesús de manera parecida: "Maestro, mi boca es completamente incapaz de expresar cómo eres".

24 O "dominio"; es decir, el reino o dominio de Dios.

25 V. Hechos 1:15-26, sobre la elección de Mateo para sustituir a Judas en el círculo de los doce para volver a completar la docena.

26 Sólo quedan rastros de tinta apenas visibles.

27 Judas hace preguntas acerca de la revelación prometida por Jesús y la glorificación definitiva de aquella estirpe, pero Jesús se marcha repentinamente.

28 O "Al amanecer del día siguiente".

29 La expresión "otra vez" está implícita en el texto.

Jesús les dijo: "Fui con otra estirpe grande y santa".[30]

Sus discípulos le dijeron: "Señor, ¿cuál es esa gran estirpe, que es superior a nosotros y más santa que nosotros, que no está ahora en este reino?".[31]

Cuando Jesús oyó esto rió y les dijo: "¿Por qué en vuestro interior pensáis en la estirpe fuerte y santa? [37] En verdad[32] [yo] os digo que nadie nacido [de] este eón verá esa [estirpe], y ninguna hueste de ángeles de las estrellas gobernará esa estirpe, y nadie nacido mortal puede unirse a ella, porque aquella estirpe no viene de [...] Porque aquella estirpe no viene de [...] que se ha convertido en [...]. La estirpe de las personas que están entre [vosotros] es de la estirpe de la Humanidad [...] poder, que [... el] otros poderes [...] por [los cuales] vosotros gobernáis.".[33]

Cuando [sus] discípulos oyeron esto, cada uno de ellos quedó consternado en su interior. No pudieron articular palabra.

Otro día Jesús fue hasta [ellos]. Ellos [le] dijeron: "Maestro: te hemos visto en una [visión], porque tenemos grandes [sueños ...] noche [...].".[34]

---

30 Jesús afirma que fue más allá de este mundo, a otro reino, aparentemente el reino espiritual de aquella generación.

31 Estos reinos o eones son los que aquí abajo son meras copias de los reinos o eones de arriba. Esta cuestión se discute con mayor extensión más adelante en el texto. El carácter platónico de este asunto es claro, pero el concepto platónico del reino de las ideas y los reflejos de las ideas en nuestro mundo se interpreta a la manera gnóstica en el Evangelio de Judas y otros textos, especialmente los textos séticos.

32 Amén.

33 En este pasaje Jesús parece decir, entre otras cosas, que la gran estirpe viene del cielo y es indomable, y que la gente que vive en este mundo inferior vive en la mortalidad y no puede alcanzar a la gran estirpe.

34 Aquí el texto podría ser reconstruido, sin seguridad, como sigue: "porque hemos tenido grandes [sueños de la] noche en la que vinieron a [prenderte]", en cuyo caso los discípulos podrían referirse a premoniciones del arresto de Jesús en el Huerto de los Olivos.

[Él dijo], "¿Por qué habéis [vosotros ... cuando] <vosotros> habéis ido a esconderos?"[35] [38]

LOS DISCÍPULOS VEN EL TEMPLO
Y DEBATEN ACERCA DE ÉL

Ellos[36] [dijeron, "Hemos visto] una gran [casa con un gran] altar [en ella, y] doce hombres —son los sacerdotes, creemos— y un nombre;[37] y una muchedumbre espera frente a ese altar,[38] [hasta] los sacerdotes [... y recibir] las ofrendas. [Pero] nosotros seguimos esperando". [Jesús dijo], "¿Cómo son [los sacerdotes]?".[39]

Ellos [dijeron, "Algunos[40] ...] dos semanas; [algunos] sacrifican a sus propios niños, otros a sus esposas, entre alabanzas [y][41] reverencias mutuas; algunos yacen con

---

35 Si se admite la reconstrucción propuesta en la última nota, esto puede ser una referencia a la huida de los discípulos para ocultarse cuando arrestan a Jesús. V. Mateo 26:56; Marcos 14:50-52.

36 El texto sugiere aquí que los discípulos tienen un visión del templo judío de Jerusalén –o, con menor probabilidad, que han ido a visitar el templo– y cuentan lo que han visto (el pasaje está en primera persona del plural). En la parte que sigue, Jesús se refiere explícitamente a lo que los discípulos "han visto"; eso justifica en parte la reconstrucción de las lagunas propuesta para esta parte. En los evangelios del Nuevo Testamento, v. los relatos de las visitas de Jesús y los discípulos al templo en Mateo 21:12-17, 24:1-25:46, Marcos 11:15-19, 13:1-37; Lucas 19:45-48, 21:5-38, y Juan 2:13-22.

37 Aparentemente el nombre de Jesús; v. Evangelio de Judas 38 ("tu [nombre]") y 39 ("mi nombre"). En el contexto del templo de Jerusalén la mención de "un nombre" también se puede entender como una referencia al inefable nombre de Dios (Yahvé) en el judaísmo.

38 Aquí parece repetirse inadvertidamente en el texto "al altar" (un error del copista).

39 La interpolación no es segura, pero es razonable en este contexto.

40 Sobre esta parte, v. la polémica descripción de los guías de la Iglesia paleocristiana en la interpretación alegórica de la visión del templo dada por Jesús en el Evangelio de Judas 39-40.

41 O ["o"].

MASSANUTTEN RE DISCARDED
Harrisonburg, VA 22801

hombres; otros toman parte en [matanzas];[42] algunos cometen innúmeros pecados y actos contra las leyes. Y los hombres que hay en pie [delante del] altar invocan tu [nombre], [39] y en todos sus actos de su imperfección[43] los sacrificios resplandecen [...]".

Después de decir esto guardaron silencio, porque estaban preocupados.

JESÚS DA UNA INTERPRETACIÓN ALEGÓRICA DE LA VISIÓN DEL TEMPLO

Jesús les dijo: "¿Por qué os atribuláis? En verdad[44] os digo que todos los sacerdotes que están frente al altar invocan mi nombre. Os lo vuelvo a decir: mi nombre ha sido escrito en este [...] de las generaciones de estrellas a través de las generaciones de hombres. [Y ellos] han plantado árboles sin fruto en mi nombre, de manera vergonzosa".[45] Jesús les dijo: "Aquellos a quienes habéis visto recibiendo las ofrendas en el altar, ésos sois vosotros.[46] Ése es el dios a quien servís, y vosotros sois esos doce hombres que ha-

---

42 La interpolación no es segura.

43 "Imperfección" (copto šōōt) tiene un sentido especial en los textos séticos y en algunos otros: designa la falta de luz y conocimiento divinos que se remonta a la caída de la Madre (usualmente Sofía, la Sabiduría de Dios) y la consiguiente pérdida de iluminación. V., por ejemplo, Carta de Pedro a Felipe 3–3 (Códice Tchacos), 135 (Códice Nag Hammadi VIII). Este pasaje se cita en el comentario a este libro. Sobre la corruptibilidad de Sofía v. Evangelio de Judas 44.

44 Amén.

45 La referencia a plantar árboles sin fruto en nombre de Jesús parece ser una acusación contra los que predican en nombre de Jesús pero anuncian un evangelio sin contenido fructífero. La misma imagen de los árboles con o sin fruto se encuentra en la Revelación de Adán 76, 85; v. Evangelio de Judas 43. V. también, quizá, la higuera estéril en Mateo 21:18–19 y Marcos 11:12–14.

46 A lo largo de esta parte Jesús interpreta lo que los discípulos han visto en el templo como una metáfora de la instrucción religiosa errónea, aparentemente en la Iglesia

béis visto. El ganado que han traído son las ofrendas que habéis visto: son todas las personas a las que vosotros descarriasteis [40] frente a aquel altar. [...][47] resistirá y se servirá de mi nombre de esta manera, y generaciones de gentes piadosas se mantendrán leales a él. Después de él[48] habrá allí otro hombre que será de[49] [los fornicadores], y otro ha[brá] de los infanticidas,[50] y de los que yacen[51] con otros hombres, y de los que se abstienen,[52] y el resto de las gentes entregadas a la corrupción, la ilegalidad y el error, y aquellos que dicen: 'Somos como ángeles'; ellos son las estrellas que provocan la extinción de todas las cosas. Porque durante generaciones los hombres han dicho: 'Mira, Dios ha recibido vuestro sacrificio de las manos de los sacerdotes; es decir, de un ministro del error. Pero el Señor que gobierna es el Señor del universo.[53]; 'En el último día ellos serán humillados'.".[54] [41]

---

paleocristiana. Los sacerdotes son los discípulos, y tal vez sus sucesores en la Iglesia, y los animales conducidos a la muerte son las víctimas de las prácticas incorrectas.

47 Quizá "[El señor (o arconte) de este mundo]"; v. 1 Corintios 2:8.

48 O "Después de ello", aunque es menos probable.

49 Copto, del griego, *parista* (dos líneas más abajo *parhista*). Las personas que hay allí pueden ser guías de la Iglesia cristiana primitiva considerados en esta polémica parte como asistentes del señor de este mundo. El verbo también se puede traducir como "representar", aquí y en los pasajes siguientes, en lugar de "ser uno de".

50 Aquí el texto parece sugerir que los guías de la naciente Iglesia cristiana llevan vidas inmorales y ponen en peligro la vida de los niños de Dios y los llevan a la muerte espiritual. Esta imagen puede evocar la comparación con el ganado conducido a la muerte en sacrificio en el templo.

51 Aquí hemos interpretado como *nrefnkotk* el *nrefnkokt* que aparece en el manuscrito. La acusación de falta de decoro sexual es un uso habitual en las polémicas, donde se suele tachar de inmorales a los oponentes.

52 O "ayunan". Para otra visión negativa del ayuno v. Evangelio de Tomás 6.

53 O "todo", es decir, la plenitud del divino reino celestial (copto *ptēref*).

54 En el final de los tiempos los guías de la Iglesia primitiva serán castigados por sus actos impíos.

Jesús [les] dijo: "Dejad de sac[rificar ...] que habéis [...] sobre el altar, porque ellos están por encima de vuestras estrellas y vuestros ángeles y allí ya ha llegado su fin.[55] Dejad pues que sean [atrapados][56] ante vosotros, y permitidles marchar [—*faltan cerca de 15 líneas*—][57] generaciones [...]. Un panadero no puede alimentar a todas las criaturas [42] bajo [cielo]. [58] Y [...] a ellos [...] a nosotros y [...]. Jesús les dijo: "Dejad de luchar contra mí. Cada uno de vosotros tiene su propia estrella,[59] y toda [persona —*faltan cerca de 17 líneas*—][43] en [...] que[60] ha venido [... fuente] por el árbol[61] [...] de este eón [...] durante algún tiempo

---

55 Aquí Jesús parece indicar que los guías de la Iglesia primitiva son fuertes, pero su tiempo se está acabando.

56 O "engañados", "recriminados". El contenido y el significado del texto no son claros. El copto (tal vez *šõnt*, literalmente "entrelazados") también se puede traducir como "peleando" o "en lucha". La redacción *šõõt*, "deficiente" o "disminuido" también es posible.

57 Una fotografía que se hizo en una inspección anterior del códice, aunque con poca definición, revela algunas palabras y expresiones.

58 Esta afirmación podría ser un antiguo proverbio acerca de la adecuación razonable de los objetivos a la capacidad de la gente; en este caso, los lectores del Evangelio de Judas que se enfrentan a la oposición de la naciente Iglesia cristiana. A la inversa, también se puede interpretar la frase como una crítica de la manera de celebrar la eucaristía de la Iglesia paleocristiana.

59 La afirmación aquí y en otros pasajes del Evangelio de Judas de que cada persona tiene su estrella parece repetir la explicación dada por Platón en *Timeo*. Después de una frase del creador del mundo, se afirma en este diálogo que el creador "asignó cada alma a una estrella" y dijo que "aquél que lleve una vida correcta durante el tiempo que se le ha asignado volverá para vivir en su estrella natal" (41d–42b; el pasaje se cita completo en el comentario de este libro). Sobre la estrella de Judas, v. Evangelio de Judas 57.

60 O "quien".

61 La referencia a un árbol en esta parte fragmentada del texto podría indicar uno de los árboles del paraíso. Los árboles del jardín del Edén son mencionados con frecuencia en los textos gnósticos, y el árbol de la ciencia (en griego *gnosis*) del bien y del mal es considerado a menudo como una fuente del conocimiento de Dios.

[...] pero él[62] ha venido a regar el paraíso de Dios,[63] y la [estirpe][64] que perdurará, porque [él] no manchará la [posición de] esa estirpe, pero [...] para la eternidad."[65]

JUDAS HACE PREGUNTAS A JESÚS ACERCA DE AQUELLA ESTIRPE Y DE LAS ESTIRPES HUMANAS

Judas [le] dijo: "[Rab]í, [66] ¿qué clase de fruto da aquella estirpe?".[67]

Jesús dijo: "Las almas de todas las estirpes humanas morirán. Pero cuando aquellas personas han consumido su tiempo en este reino y el espíritu[68] las abandona, sus cuerpos mueren pero sus almas viven y son asumidas".

Judas dijo: "Es imposible [44] sembrar semillas en [roca] y recoger sus frutos.[69]. [Este] es también el camino [...] la estirpe[70] [corrupta ...] y Sofía[71] corrupti-

---

V. Libro secreto de Juan II:22–23.

62 O "ello". La identidad del sujeto pronominal no está clara ni aquí ni en las líneas siguientes.

63 V. Génesis 2:10

64 O "raza". Aquí y en otros pasajes del texto, en lugar del copto *genea*, que es la palabra usada comúnmente, se usa *genos*. Ambas palabras coptas vienen del griego.

65 Literalmente, "de eternidad a eternidad".

66 El título de "rabí" (reconstruido en gran parte) significa en hebreo "maestro de la ley judía".

67 Comparar con el Evangelio de Judas 39 lo dicho sobre los que plantan árboles estériles.

68 ¿El espíritu o hálito vital? Sobre el espíritu y el alma, v. también Evangelio de Judas 53.

69 V. la parábola del sembrador en Mateo 13:1–23, Marcos 4:1–20, Lucas 8:4–15 y Evangelio de Tomás 9. Según la parábola, la semilla sembrada en roca no puede arraigar y por ello no dará fruto.

70 O "raza", como arriba.

71 O "sabiduría", la parte de la divinidad que según la tradición gnóstica pasa por una carencia de sabiduría y vuelve luego a la plenitud de la divinidad. Sofía es personi-

ble [...] la mano que ha creado gente mortal, así que sus almas ascienden a los eternos reinos celestiales. [En verdad][72] os digo: [...] ángel [...] poder[73] será capaz de ver aquel [...] este a los que [...] estirpes santas [...]". Después de decir esto, Jesús se marchó.

ESCENA 3: *Judas narra una visión y Jesús le contesta*

Judas dijo: "Maestro, igual que has escuchado a todos los demás, escúchame ahora también a mí. Porque he tenido una gran visión".
Cuando Jesús oyó esto, rió y le dijo: "Tú, decimotercer espíritu,[74] ¿por qué te esfuerzas tanto? Pero habla, que tendré paciencia contigo".
Judas le dijo: "En la visión me vi a mí mismo, y a los doce discípulos lapidándome y [45] acosándo[me terriblemente]. Y también llegué al lugar donde [...] después de ti. Vi [una casa ...],[75] y mis ojos no podían [abarcar] su tamaño. Mucha gente la rodeaba, y aque-

---

ficada a menudo como una figura femenina en las literaturas judía y cristiana, y desempeña un papel central en los textos gnósticos, incluidos los séticos. V., por ejemplo, el relato de la caída de Sofía en el Libro secreto de Juan II:9–10, que se cita en el comentario de este libro. El hijo de Sofía, según los relatos gnósticos, es el demiurgo Saclas o Yaldabaot. V. Evangelio de Judas 51.

72 Amén.

73 Quizá "ángel [del gran] poder".

74 O "decimotercer demonio" (copto, del griego, *daimōn*). Judas es el decimotercero porque es el discípulo excluido del círculo de los doce, y es un demonio porque su verdadera identidad es espiritual. V. las historias de Sócrates y su *daimōn* o *daimonion* en Platón, *Symposium* 202e–203a.

75 Judas cuenta una visión en la que los otros discípulos se le enfrentan severamente (v. Evangelio de Judas 35–36, 46–47). En la visión Judas se acerca a un lugar y menciona a Jesús ("detrás de ti"); hay allí una gran casa celestial y Judas pregunta si podrá ser acogido en ella con los demás que están entrando. Sobre la casa, o mansión, celestial, v. Juan 14:1–14. Sobre la ascensión o transfiguración final de Judas,

lla casa <tenía> el tejado de hojas verdes,[76] y en medio de la casa había [una multitud —*faltan dos líneas*—] que decía:[77] 'Maestro, acógeme con estas gentes'.". [Jesús] respondió y dijo: "Judas, tu estrella te ha llevado por el mal camino". Y continuó: "No hay persona nacida humana que merezca entrar en la casa que has visto, porque ese lugar está reservado para los sagrados.[78] Ni el Sol ni la Luna rigen allí, ni el día, pero los santos morarán allí para siempre, en el reino eterno con los sagrados ángeles.[80] Mira, te he explicado los misterios del reino [46] y te he enseñado el error de las estrellas; y [...] enviarlo [...] sobre los doce eones."

JUDAS PREGUNTA POR SU DESTINO

Judas dijo: "Maestro, es posible que mi semilla[81] esté bajo el control de los señores?".[82]

Jesús respondió y le dijo: "Ven, que yo [—*faltan dos líneas*—], pero que sufrirás gran aflicción cuando veas el reino y toda su estirpe".

---

v. Evangelio de Judas 57–58.

76 La redacción es una suposición y corrige un posible error del escribiente.

77 La palabra "decía" está implícita en el texto.

78 O "los santos", de aquí en adelante.

79 O "permanecerán".

80 Sobre esta descripción apocalíptica del cielo, v. Revelación 21:23. Según el Libro secreto de Juan II:9, las almas de los santos viven con la tercera Luminaria, Daveité, en el tercer reino eterno, morada de la descendencia de Set. V. también el Libro sagrado del gran Espíritu invisible III:50–51.

81 La semilla es la parte espiritual de la persona, la chispa de la divinidad que alberga, y, colectivamente, la descendencia de los que provienen de la divinidad. Así, los textos séticos pueden referirse a los gnósticos como la semilla o la descendencia de Set.

82 O "arcontes", de aquí en adelante; es decir, los gobernantes de este mundo, especialmente las potencias cósmicas que colaboran con el demiurgo. Este fragmento se

Cuando Judas oyó esto, le dijo: "¿De qué me sirve haberlo recibido? Porque me has destinado a aquella estirpe".

Jesús respondió y le dijo: "Te convertirás en el decimotercero,[83] y serás maldecido por las otras estirpes, y llegarás a prevalecer sobre ellas.[84] En los últimos días maldecirán tu ascenso[85] [47] a la [estirpe] santa".

Jesús enseña cosmogonía a Judas: el Espíritu y el Autogenerado

Jesús dijo: "[Ven], que puedo enseñarte [secretos][86] que nadie [ha] visto. Porque existe un reino grandioso e ili-

---

puede traducir también como "¿ ... que mi semilla someta a los señores?".

83 Acerca de Judas como el decimotercero, v. Evangelio de Judas 44, donde se dice que Judas es el tercer espíritu o demonio.

84 Sobre la maldición de Judas, véanse las afirmaciones de Judas en Mateo 26:20–25, 27:3–10; Marcos 14:17–21; Lucas 22:21–23; Juan 13:21–30; y Hechos 1:15–20. Aquí se sugiere que Judas es despreciado por los demás discípulos pero será elevado sobre ellos a la posición de discípulo preeminente.

85 O "vuelta". La traducción no es segura. El texto parece aludir a alguna clase de transformación o ascensión, como en el Evangelio de Judas 57 (la transfiguración de Judas) o en Corintios 12:2–4 (la ascensión extática de un hombre, Pablo, al tercer cielo).

86 O "cosas ocultas". La traducción no es segura. Para una explicación extensa de la cosmogonía sética, v. Libro secreto de Juan y Libro sagrado del gran Espíritu invisible.

87 O "[el] gran [Espíritu] invisible". En muchos textos séticos (por ejemplo, el Libro secreto de Juan y el Libro sagrado del gran Espíritu invisible) se llama gran Espíritu invisible a la deidad trascendente.

88 V. 1 Corintios 2:9; Evangelio de Tomás 17; Plegaria del apóstol Pablo A. El texto paralelo en la Plegaria valentiniana del apóstol Pablo se aproxima a una parte de la formulación del Evangelio de Judas: "Aceptamos lo que los ojos de los ángeles no han [visto], lo que los oídos de los gobernantes no han percibido y lo que no ha brotado del corazón humano, que se convirtió en angélico, hecho a imagen del dios vivo cuando fue formado en el comienzo". La inefabilidad y trascendencia de la divinidad es remarcada en muchos textos gnósticos, especialmente en los textos séticos. V. Libro secreto de Juan II:2–4; Libro sagrado del gran Espíritu invisible III:40–41; Alógenes el

mitado, cuya extensión no ha sido vista por generación alguna de ángeles, [en el cual] hay [un] grandioso e invisible [Espíritu],[87]

nunca visto por los ojos de ángel alguno,
nunca abarcado por la percepción del corazón,
y nunca llamado con nombre alguno.[88]

"Y una nube de luz[89] apareció. Él[90] dijo: 'Sea creado un ángel[91] y sírvame de ayudante'.[92]

"Un gran ángel, el divino y luminoso Autogenerado,[93] salió de la nube. Por su designio, otros cuatro ángeles fueron creados en otra nube, y fueron los ayu-

---

extranjero; Ireneo de Lyon: *Contra las herejías* 1.29.1–4, sobre los gnósticos o "Barbelognósticos" (gnósticos de Barbelo); Evangelio de Judas 35. En el comentario de este libro se citan algunas líneas del Libro secreto de Juan que ilustran tales descripciones de la trascendencia divina.

89 O "nube luminosa". La nube luminosa es una manifestación de la gloriosa presencia celestial de la divinidad, y a menudo aparecen nubes de luz en las descripciones o teofanías antiguas. En los relatos de la transfiguración de Jesús de los evangelios del Nuevo Testamento, por ejemplo, hay nubes luminosas que acompañan la revelación de la gloria (Mateo 17:5–6; Marcos 9:7–8; Lucas 9:34–35). En el Libro sagrado del gran Invisible también son muy importantes las nubes celestiales; en el Libro secreto de Juan la luz envuelve al Padre de Todo.

90 El Espíritu.

91 O "mensajero", de aquí en adelante.

92 O "sírvame de asistente", "esté junto a mí" (copto, del griego, *parastasis*). V. el verbo *parista/parishta* en Evangelio de Judas 40.

93 O "Autocreado", "Autoengendrado", "Autoconcebido", "Autógenes" (copto *autogenēs*, del griego), de aquí en adelante. Como norma, en los textos séticos el Autogenerado es el hijo de Dios; v. Libro secreto de Juan II:7–9; Libro sagrado del gran Espíritu invisible III:49, IV:60; Zostrianos 6, 7, 127; Alógenes el extranjero 46, 51, 58.

dantes[94] del angélico autogenerado.[95] El Autogenerado dijo: [48] 'Que [...] sea [...]', y fue creado [...]. Y él [creó] la primera luminaria[96] para reinar sobre ella. Dijo: 'Haya ángeles para servir[la]',[97] y fueron creados en cantidades innumerables. Dijo: '[Sea] creado un eón[98] luminoso', y fue creado. Creó la segunda luminaria [para] reinar sobre ella, junto con cantidades innumerables de ángeles para que prestaran sus servicios. Así es como él creó al resto de los eones iluminados. Hizo que reinaran sobre ellos y creó para ellos una cantidad incontable de ángeles para que les prestaran ayuda.[99]

ADAMAS Y LAS LUMINARIAS

"Adamas[100] estaba en la primera nube luminosa[101] que ningún ángel había visto entre todos los llamados 'Dios'. Él [49] [...] que [...] la imagen [...] y a semejanza de [este] ángel. Él hizo aparecer la [generación]

---

94 De nuevo copto, del griego, *parastasis*.

95 En al Libro secreto de Juan II:7–8 las cuatro luminarias, llamadas Armozel, Oroiael, Daveité y Elelet, son creadas por el Autogenerado. V. también Libro sagrado del gran Espíritu invisible III:51–53; Zostrianos 127–28; Pensamiento trimorfo 38–39.

96 Copto, del griego, *phōstēr*, de aquí en adelante.

97 O "rendir adoración", "rendir culto" (copto ⲛⲉⲙⲛⲉ, de aquí en adelante).

98 O "un eón de luz".

99 Según el texto, el reino divino está lleno de luminarias, eones y ángeles traídos a la existencia por el verbo creador del Autogenerado, para servir y adorar a la divinidad.

100 Adamas es Adán, el primer ser humano del Génesis, aquí entendido, como en otros textos gnósticos, como paradigma del hombre en el reino de la divinidad e imagen elevada de la humanidad. V. por ejemplo el Libro secreto de Juan II:8–9.

101 La primera nube luminosa es la manifestación inicial de la divinidad; v. Evangelio

incorruptible de Set[102] [...] los doce [...] los veinticuatro [...]. Hizo aparecer setenta y dos luminarias en la generación incorruptible, de acuerdo con la voluntad del Espíritu. Las setenta y dos luminarias hicieron aparecer trescientas sesenta luminarias en la generación incorruptible, de acuerdo con la voluntad del Espíritu de que su número fuera de cinco por cada una.[103]

Los doce eones de las doce luminarias constituyen su padre, con seis cielos por cada eón, de manera que hay setenta y dos cielos para las setenta y dos luminarias, y por cada [50] [de ellos cinco] firmamentos, [para un total de] trescientos sesenta [firmamentos ...]. Se les dio autoridad y una [gran] hueste de [innumerables] ángeles, para gloria y adoración, [y tras eso también] espíritus[104] vírgenes[105], para gloria y [adoración] de todos los eones y los cielos y sus firmamentos.[106]

---

de Judas 47.

102 Éste es Set, hijo de Adán, también en el reino de la divinidad; v. Génesis 4:25–5:8. El papel de Set como origen de la estirpe de Set ("aquella estirpe") está claramente establecido en los textos séticos; v. también Evangelio de Judas 52.

103 Finalmente todo sucede de acuerdo con la voluntad de la divinidad, el Espíritu.

104 Eugnosto el beato incluye un pasaje sobre los eones que también menciona espíritus vírgenes, y ese pasaje (Códice de Nag Hammadi III:88–89, citado en el comentario) es muy afín al texto en cuestión. V. también Sabiduría de Jesús Cristo (Códice Nag Hammadi III) 113; Sobre el origen del mundo, 105–6.

105 En los textos séticos el término *virgen* se utiliza como epíteto de diversas manifestaciones y poderes divinos para remarcar su pureza. En el Libro sagrado del Espíritu invisible, por ejemplo, el gran Espíritu invisible, Barbelo, Youel y Plesitea son descritos como vírgenes, y aún se hacen más menciones de vírgenes.

106 Estos eones y luminarias, los poderes espirituales del universo, representan aspectos del mundo, especialmente el tiempo y las unidades de tiempo. Cabe comparar los doce eones con los meses del año y los signos del zodiaco. En cuanto a los setenta y dos cielos y luminarias, son comparables a las setenta y dos naciones del mundo de la tradición judía. Los trescientos sesenta firmamentos se corresponderían con los trescientos sesenta días del año solar (doce meses de treinta días) sin los cinco días añadidos. Este pasaje del Evangelio de Judas tiene otro paralelo en Eugnosto el beato III:83–84 (citado en el comentario), y en las líneas siguientes de Eugnosto el beato

"Esa multitud de inmortales es llamada cosmos —es decir, perdición[107]— por el Padre y las setenta y dos luminarias que acompañan al Autogenerado y sus setenta y dos eones. En él[108] apareció el primer humano con sus poderes incorruptibles. Y el eón que apareció con su generación, el eón en quien están la nube de conocimiento[109] y el ángel, se llama [51] El.[110] [...] eón [...] después de eso [...] dijo: 'Sean creados doce ángeles [para] reinar sobre el caos y el [mundo inferior].' Y he aquí que de la nube apareció un ángel en cuyo rostro resplandecían llamaradas y cuyo semblante estaba manchado de sangre. Su nombre era Nebro,[111] que quiere decir "re-

---

el autor habla de un número similar de eones, cielos y firmamentos.

107 Nuestro cosmos, a diferencia del divino reino superior, es corruptible, y por eso puede ser calificado de reino de perdición.

108 O el equivalente a "en ello", es decir: en el cosmos.

109 Copto, del griego, *gnosis*.

110 *Él* es una antigua denominación semítica de Dios. En los textos séticos se utilizan nombres relacionados con éste, como Eloaios, para los poderes y autoridades de este mundo. El Libro secreto de Juan también se refiere a Elohim, el nombre hebreo de Dios en las Escrituras judías.

111 En el Libro sagrado del gran Espíritu invisible III:57 Nebruel es un gran espíritu femenino que se une a Saclas para engendrar doce eones; v. también el papel de Nebroel en los textos maniqueos. Aquí el nombre de Nebro se escribe sin el sufijo honorífico –*el* (también Dios en hebreo, v. el nombre El arriba). En el Libro secreto de Juan II:10 el demiurgo Yaldabaot tiene la apariencia de una serpiente con cabeza de león, y sus ojos son como bolas de fuego relampagueantes. En el Libro sagrado del gran Espíritu invisible III:56-57 Sofía inferior tiene un aspecto sangriento: "Una nube [llamada] Sofía inferior apareció ... [Ella] examinó las regiones [del caos], y su cara semejaba ... en su apariencia ... sangre".

112 O "apóstata" (copto, del griego, *apostatēs*). Lo más probable es que el origen de Nebro sea el Nebrod de Génesis 10:8–12 (v. 1 Crónicas 1:10) de la Septuaginta, donde Nebrod (Nimrod en hebreo) refleja la tradición de un conocido personaje

belde";[112] otros lo llaman Yaldabaot.[113] Otro ángel, Saclas,[114] vino también de la nube. Creó entonces Nebro seis ángeles —y también Saclas— como ayudantes, y éstos crearon doce ángeles en los cielos, y cada uno de ellos recibió una parte en los cielos.[115]

LOS SEÑORES Y LOS ÁNGELES

"Los doce señores hablaron con los doce ángeles: 'Que cada uno de vosotros [52] [...] y que ellos [...] estirpe [—*falta una línea*—] ángeles':

El primero es [Se]t, que es llamado Cristo.[116]
El [segundo] es Harmatot, que es [...].
El [tercero] es Galila.
El cuarto es Yobel.
El quinto [es] Adonaios.

---

legendario de antiguo Oriente Medio. El nombre Nimrod puede estar relacionado con la palabra hebrea que significa "rebelde".

113 Yaldabaot es nombre habitual para el demiurgo en los textos séticos. Probablemente Yaldabaot quiere decir "hijo del caos" (o, con menor probabilidad, "hijo de (S)abaot") en arameo.

114 Saclas (o Sacla, como en el Evangelio de Judas 52) es otro nombre habitual del demiurgo en los textos séticos. *Saclas* (o *Sacla*) significa "tonto" en arameo.

115 La sintaxis de esta frase no es completamente clara, y por ello sigue habiendo dudas sobre el papel de Saclas y su relación con Nebro. Si éste y Saclas crearon seis ángeles cada uno, tenemos los doce ángeles engendrados. V. Libro sagrado del gran Espíritu invisible III:57–58: "Sakla el gran [ángel vio a] Nebruel el gran demonio, que está con él. [Juntos] trajeron al mundo un espíritu de reproducción, y [engendraron] ángeles asistentes. Sakla [dijo] a Nebruel el gran [demonio]: 'Que sean creados doce reinos en el ... reino, mundos ...'. Por la voluntad del autogenerado, [Sakla] el gran ángel dijo: 'Habrá ... en número de siete...'.".

116 Aquí, como en otros textos cristianos séticos, Cristo es descrito como la manifestación de Set en este mundo. En el Sagrado libro del gran Espíritu invisible III:63–64 el texto se refiere a "el incorruptible, engendrado por el Verbo [*Logos*], el Jesús vivo que envuelve al gran Set". En Pensamiento trimorfo 50, el Verbo, o

41

Éstos son los cinco que gobernaron el mundo inferior, y antes de nada el caos.[117]

La creación de la Humanidad

"Entonces Saclas dijo a sus ángeles: 'Creemos un ser humano a imagen y semejanza.'[118] Dieron forma a Adán y a su mujer Eva, que en la nube se llama Zoe.[119] Porque todas las generaciones buscan al hombre con este nombre, y todas llaman a la mujer con estos nombres. Ahora, Saclas no [53] or[denó ...] excepto [...] las gene[raciones] este [...]. Y el [señor] dijo a Adán: 'Vivirás mucho tiempo, con tu descendencia'."[120]

Judas pregunta por el destino de Adán y de la Humanidad.

Dijo Judas a Jesús: "¿[Cuánto] tiempo puede vivir el ser humano?".

Logos, declara: "Yo me envuelvo en Jesús. Lo transporté desde el madero infame [la cruz] y le di residencia en la morada de su Padre". V. Evangelio de Judas 56.

117 En el Sagrado libro del gran Espíritu invisible III:58 Nebruel y Sakla dan ser a doce ángeles, varios de los cuales llevan nombres iguales o parecidos a los que aparecen aquí, y se menciona a Caín (ese pasaje se cita en el comentario de este libro). La referencia a Caín puede recordar la afirmación de Ireneo de Lyon (*Contra las herejías* 1.31.1) de que quienes redactaron el Evangelio de Judas apelaban a la autoridad de Caín, aunque a Caín no se lo menciona en el texto recuperado del Evangelio de Judas. En el Libro secreto de Juan II:10–11 se da una lista de nombres parecida, y se dice que siete gobernaban las siete esferas celestes (las del Sol, la Luna y los cinco planetas entonces conocidos: Mercurio, Venus, Marte, Júpiter y Saturno) y cinco gobernaban las profundidades del abismo.

118 V. Génesis 1:26. Relatos semejantes de la creación de los seres humanos aparecen en otros textos séticos, y en ocasiones se dice en tradiciones desarrolladas más extensamente que el ser humano fue creado con la imagen del Dios celestial y a semejanza de los señores de este mundo. V. Libro secreto de Juan II:15, citado en el comentario de este libro.

Jesús dijo: "¿Por qué te sorprendes de eso, de que Adán, con su descendencia, viviera toda su vida en el lugar que se le dio como reino, en larga vida con su señor?".[121]

Dijo Judas a Jesús: "¿Muere el espíritu humano?".

Dijo Jesús: "Por eso es por lo que Dios ordenó a Miguel entregar a los hombres sus espíritus en préstamo, de manera que pudieran rendir culto, pero el gran Uno ordenó a Gabriel[122] dar a la gran estirpe espíritus que no estuvieran sujetos a señor alguno[123], es decir: el espíritu y el alma.[124] En consecuencia, el [resto] de las almas [54] [—*falta una línea*—]".[125]

---

119 Zoe, "vida" en griego, es el nombre de Eva en la Septuaginta.

120 V. Génesis 1:28, 5:3–5. El demiurgo parece haber mantenido su palabra: a todas las personas que aparecen en los primeros capítulos del Génesis se les atribuyen vidas extraordinariamente largas.

121 Esta frase es difícil y la traducción no es segura, pero parece querer decir que a Judas le sorprende Adán en su mundo viviendo su larga vida y con su dios, todo lo cual es irrelevante para Judas. El final de la frase dice literalmente "... en cantidad con su señor?".

122 Miguel y Gabriel son dos destacados arcángeles.

123 O "la estirpe sin rey", una referencia a la estirpe de Set, usando una descripción habitual en los textos séticos para indicar que la estirpe de Set es indomable.

124 Dios, aparentemente el dios de este mundo, da el espíritu de la vida (¿el hálito vital? Tal vez, v. Génesis 2:7) a los humanos en préstamo a través de Miguel, pero el gran Espíritu da a las personas espíritu y alma a través de Gabriel, como regalo. Génesis 2:7 puede tener interpretaciones creativas en otros textos gnósticos, incluidos los séticos; v. Libro secreto de Juan II:19: "Ellos [cinco luminarias celestiales] dijeron a Yaldabaot: 'Insufla un poco de tu espíritu en la cara de Adán, y entonces el cuerpo se levantará'. Él insufló su espíritu en Adán. El espíritu es el poder de su madre [Sofía], pero él no se dio cuenta de esto porque vive en la ignorancia. Así el poder de la Madre salió de Yaldabaot y entró en el cuerpo psíquico que había sido hecho como aquél que es desde el principio. El cuerpo se movió y se hizo poderoso. Y fue iluminado". Sobre el espíritu y el alma en este texto, v. también Evangelio de Judas 43.

125 Aquí el original copto dice, en parte, *toou*, que significa "montaña"; también se podría reconstruir como [*en*]*toou*, "ellos". En la siguiente sección fragmentada aparecen formas pronominales en segunda persona del plural, y eso parece indicar que Jesús está en compañía de más personas además de Judas. Probablemente los demás discípulos también intervienen en esta conversación.

Jesús habla de la aniquilación de los impíos con Judas y otros

"[...] luz [—*faltan casi dos líneas*—] alrededor [...] sea [...] espíritu [que está] en vosotros[126] habita esta [carne] entre las generaciones de ángeles. Pero Dios hizo que el conocimiento[127] fuera [otorgado] a Adán y a los que con él estaban,[128] de manera que los señores[129] del caos y del mundo inferior no pudieran ejercer su poder sobre ellos."

Judas dijo a Jesús: "Entonces, ¿qué harán esas estirpes?".

Jesús dijo: "En verdad[130] os digo que para todos ellos las estrellas traerán el fin.[131] Cuando Saclas consuma el tiempo que le fue asignado, la primera estrella de las estirpes se manifestará con ellas y ellas terminarán aquello que habían dicho que harían. Entonces fornicarán en mi nombre y matarán a sus niños[132] [55] y luego [...] y [—*faltan seis líneas y media aproximadamen-*

---

126 "en vuestro interior".

127 Otra vez copto, del griego, *gnosis*.

128 Este pasaje sugiere que el conocimiento, o *gnosis*, es dado a Adán y así a la Humanidad. Cómo Adán y la Humanidad llegan a adquirir el conocimiento se explica con detalle en otros textos gnósticos, incluidos los séticos, y en ellos se afirma que la Humanidad tiene el conocimiento pero los megalómanos señores de este mundo no.

129 O "los reyes".

130 Aquí y en adelante se utiliza la palabra copta *alethos* (del griego) en lugar de *hamen* como al principio del texto.

131 Las referencias a las estrellas, su influjo y su destrucción final son astrológicas y apocalípticas.

132 V. Ezequiel 16:15-22, y también Evangelio de Judas 38 y 40, sobre el asesinato de niños y la fornicación.

te—] mi nombre, y tu estrella gobernará sobre el decimo[tercer] eón".

Después, Jesús [rió].

[Judas dijo]: "Maestro: [¿por qué te ríes de nosotros?]"[133]

[Jesús] respondió [y dijo]: "No me río [de vosotros] sino del error de las estrellas, porque esas seis estrellas vagan con esos cinco combatientes y todos ellos serán destruidos junto con sus criaturas".[134]

Jesús habla de los que están bautizados y de la traición de Judas

Judas dijo a Jesús: "Mira, ¿qué harán los que han sido bautizados en tu nombre?"[135]

Jesús dijo: "En verdad [os] digo: este bautismo [56] [...] mi nombre [—*faltan aproximadamente nueve líneas*—] a mí. En verdad [yo] te digo, Judas, que [aquellos que] ofrecen sacrificios a Saclas[136] [...] Dios [—*faltan tres líneas*—] todo lo que es malo.

"Pero tú los superarás a todos ellos, porque tú sacrificarás el cuerpo en el que vivo.[137]

---

133 La reconstrucción no es segura.

134 Las estrellas errantes son probablemente los cinco planetas (Mercurio, Venus, Marte, Júpiter y Saturno) más la Luna. Según las antiguas ideas astronómicas y astrológicas las estrellas errantes pueden regir nuestras vidas e influir negativamente en ellas. V. también Evangelio de Judas 37.

135 Los cristianos bautizados en el nombre de Cristo. No está claro si es una crítica al bautismo cristiano ordinario como en otros textos séticos.

136 Sobre los sacrificios ofrecidos a Saclas, quizá, v. Evangelio de Judas 38-41.

137 Literalmente, "que carga conmigo" (copto, del griego, *etrphorei emmoei*). Jesús le dice a Judas que él hará lo que no hace ningún otro discípulo: ayudará a Jesús al sacrificar su cuerpo carnal ("el hombre") que reviste o transporta su auténtico ser espiritual. La muerte de Jesús, con la ayuda de Judas, es considerada como la liberación del ser espiritual que hay en su interior.

Tu trompeta ya se ha alzado,
tu cólera se ha encendido,
tu estrella ha mostrado su fulgor,
y tu corazón se ha [fortalecido].[138] [57]

"En verdad [...][139] tu último [...] se vuelve [—*faltan dos líneas y media aproximadamente*—] llorar [faltan dos líneas aproximadamente] al gobernante, ya que será destruido. Y entonces la imagen[140] de la gran estirpe de Adán será enaltecida, porque antes que el cielo, la Tierra y los ángeles, esa estirpe, que viene del reino eterno, ya existía.[141] Mira, ya se te ha dicho todo. Levanta tus ojos y mira la nube y la luz que hay en ella y las estrellas que la rodean. La estrella que marca el camino es tu estrella".[142]

Judas alzó sus ojos y vio la nube luminosa, y entró en ella.[143] Los que estaban en tierra[144] oyeron una voz que venía de la nube y decía: [58] [...] gran estirpe [...] imagen [...] y [—*faltan cinco líneas aproximadamente*—].[145]

---

138 Sobre las líneas que describen poéticamente cómo Judas se prepara para su salvífico acto de traición, v. pasajes de los Salmos.

139 Quizás la reconstrucción sería "En verdad [os digo ...]" o algo así.

140 Copto, del griego, *tupos*. El texto, reconstruido como [tu]pos también se podría reconstruir como *[to]pos*, "lugar" (también del griego).

141 Es decir, la estirpe de Set es una estirpe preexistente que viene de Dios.

142 En el texto, Judas es literalmente la estrella.

143 Este pasaje puede ser descrito como la transfiguración de Judas. Éste es vindicado mediante su glorificación en la nube luminosa, y una voz habla desde la nube. Como en los relatos de la transfiguración de Jesús (Mateo 17:1-8, Marcos 9:2-8, Lucas 9:28-36; v. Libro de Alógenes 61-62, a continuación del Evangelio de Judas en el Códice Tchacos), aquí Judas entra en una nube luminosa en las alturas, y una voz divina habla.

Conclusión: Judas traiciona a Jesús

[...] Sus altos sacerdotes murmuraban porque [él][146] se había ido a la habitación de invitados[147] para su plegaria.[148] Pero algunos escribas estaban allí vigilando atentamente para poder prenderlo durante la oración, pues estaban preocupados por la gente porque todos lo veían como a un profeta.[149]

Se acercaron a Judas y le dijeron: "¿Qué haces aquí? Tú eres un discípulo de Jesús".

Judas les respondió como ellos querían. Y él recibió algún dinero y les entregó a su maestro.[150]

El Evangelio de Judas[151]

---

144 O "abajo".

145 La mayor parte de las palabras de la voz divina procedente de la nube se perdieron en la laguna del manuscrito, pero podrían ser alabanzas hacia Judas y la gran estirpe o conclusiones sobre el significado de los hechos relatados. Sobre una voz divina en los evangelios del Nuevo Testamento, v. los relatos de la transfiguración de Jesús y los de su bautismo (Mateo, 3:13-17; Marcos 1:9-11; Lucas 3:21-22).

146 Jesús. La reconstrucción "[ellos]" (es decir, Jesús y sus discípulos) también es posible.

147 Copto, del griego, *kataluma*. La misma palabra se utiliza en Marcos 14:14 y Lucas 22:11 para la habitación de invitados donde se celebró la Última Cena.

148 También se podría traducir esta parte en estilo directo: "Sus altos sacerdotes murmuraban: '[Él] se ha (o [Ellos] se han) ido a la habitación de invitados para su plegaria'.".

149 V. Mateo 26:1-5; Marcos 14:1-2; Lucas 22:1-2; Juan 11:45-53.

150 V. Mateo 26:14-16, 44-56; Marcos 14:10-11, 41-50; Lucas 22:3-6, 45-53; Juan 18:1-11. La conclusión del Evangelio de Judas se expone de manera velada y sutil, y no hay relato de la crucifixión de Jesús.

151 Aquí el título no es "El Evangelio según [*pkata* o *kata*] Judas", como en la mayoría de los evangelios, sino "El evangelio de [en-] Judas". Es posible que el título quiera sugerir que éste es el evangelio, o buena nueva, acerca de Judas y de su lugar en la tradición. Lo que él hizo, concluye el texto, no es malo, sino bueno para Judas y para todos los que vivan después de él, y de Jesús.

La historia del Códice Tchacos y el Evangelio de Judas

Rodolphe Kasser

Se me escapó un grito cuando vi por primera vez, la tarde del 24 de julio de 2001, el "objeto" que mis desconcertados visitantes habían traído para que lo examinara. Entonces todavía era un documento cultural completamente desconocido, con un texto muy poderoso, aunque en un material muy frágil, gravemente deteriorado, al borde de la desintegración. El códice escrito en copto sobre papiro, con más de dieciséis siglos de antigüedad, había resultado afectado por numerosas desgracias, muchas de las cuales se podrían haber evitado. Era claramente una víctima de la codicia y la ambición. Lo que provocó mi grito fue la impactante visión de un objeto tan precioso pero tan maltratado, totalmente destrozado, en parte reducido a polvo, tan infinitamente frágil que se desmenuzaba al menor contacto; aquella tarde el "vetusto libro" que más tarde sería llamado "Códice Tchacos" sólo era un pequeño e insignificante objeto lamentablemente guardado en el fondo de una caja de cartón.

¿Cómo podía darse tamaño vandalismo al comienzo del siglo veintiuno? ¿Cómo podía haber sucedido en un entorno, el de los marchantes de arte, conocido por la delicadeza de sus procedimientos y la precisión de sus trabajos? O, peor aún, en un ambiente aún más noble y honorable como es el de los eruditos?

El 24 de julio de 2001 marca claramente un antes y un después en la historia del Códice Tchacos. Después de esa fecha puedo contar mis propias experiencias, pero carezco de información acerca de lo que sucedió realmente con las páginas del códice antes de ese momento. En cualquier caso, el códice lleva las marcas de ese periodo.

La Fundación Mecenas de Arte Antiguo, actual propietaria del códice y responsable de su cuidado y de la primera publicación de su contenido, ha hecho un gran esfuerzo para intentar reconstruir el "antes" y encargó a Herb Krosney que investigara y documentara su búsqueda de manera independiente. De ese concienzudo trabajo da cuenta su libro *El evangelio perdido* (National Geographic Society, 2006), y yo he tenido la oportunidad de tomar nota de algunos de sus hallazgos.

En su actual estado ruinoso el Códice Tchacos probablemente consta de fragmentos de treinta y tres hojas, o sesenta y seis páginas, foliadas regularmente cuando ha sobrevivido la numeración (por el deterioro de las hojas, los números de las páginas 5, 31, 32, 49 a 53, y 61 a 66 han desaparecido , y no resulta claro si las páginas 31 y 32 han desaparecido o nunca han existido). Este manuscrito contiene cuatro obras diferentes:

- en las páginas 1 a 9, la Carta de Pedro a Felipe (con aproximadamente el mismo texto que el tercer libro del Códice VIII de la biblioteca de Nag Hammadi, que lleva el mismo título);
- en las páginas 10 a 30(?), "Santiago" (con aproximadamente el mismo texto que el tercer libro del Códice V de la biblioteca de Nag Hammadi, titulado allí Revelación de Santiago o a veces llamado Primera revelación de Santiago);
- en las páginas 33 a 58, el Evangelio de Judas (un texto completamente desconocido hasta ahora, aunque ya mencionado por Ireneo de Lyon en su obra *Contra las herejías*;
- en las páginas 59 a 66, un libro muy dañado, hasta el punto de que se ha perdido su título, pero que los eruditos han acordado llamar Libro de Alógenes, por el nombre de su personaje principal (este libro no está relacionado con el tercer libro del Códice XI de Nag Hammadi, titulado Alógenes o Alógenes el extranjero).

UN NACIMIENTO MISTERIOSO SEGUIDO POR UNA NIÑEZ ATORMENTADA: LOS COMERCIANTES EGIPCIOS Y GRIEGOS

Herb Krosney informa de que el códice fue encontrado durante una búsqueda clandestina, probablemente alrededor de 1978, en el Medio Egipto. Las estructuras lingüísticas encontradas en el texto confirman su origen, porque todas pertenecen a una forma local del sahídico (el dialecto copto del sur) propia del Medio Egipto. Quien excavaba hizo una cata en una tumba en el lado del Jebel Qarara (orilla derecha) del Nilo, que domina el pueblo de Ambar junto a Maghagha, sesenta kilómetros al norte de El-Minya; después, los descubridores se pusieron en contacto con marchantes de antigüedades, cuya intervención en este asunto ha sido considerable. Uno de ellos era un egipcio llamado Hanna, que vivía en Heliópolis, un suburbio del nordeste de El Cairo. Hanna no hablaba otra lengua que el árabe, y se había hecho con el códice a través de un colega en el Medio Egipto. Am Samiah (un seudónimo), amigo de los descubridores del códice, lo vendió a Hanna, que quedó vivamente impresionado por aquel documento en papiro. Hanna había reunido una colección de objetos preciosos en su apartamento de El Cairo para enseñárselos a un nuevo cliente, pero, antes de que el cliente volviera para pagarlos, unos ladrones vaciaron duante la noche el apartamento de Hanna. Entre las piezas robadas, las más importantes eran el códice, una estatuilla de oro de Isis y un collar también de oro. En los años que siguieron estos objetos robados del apartamento de Hanna comenzaron a salir a la luz en Europa. El anticuario decidió viajar a Ginebra y hablar con un comerciante griego, que le hacía compras con regularidad, para pedirle ayuda en la recuperación de los objetos robados. En 1982, con ayuda del comerciante griego, Hanna acabó recuperando el códice. Antes del robo Hanna ya había consultado a varios expertos, probablemente europeos especializados en papiros, para averiguar el valor del códice, y su respuesta lo llevó a fijar un precio de venta extremadamente alto. No sabemos con precisión quién hizo la imprudente y cuestionable tasación.

Inmediatamente después de la recuperación, Hanna intentó por todos los medios que tenía a su alcance vender el manuscrito buscando una institución con recursos suficientes para pagar el precio que él había fijado para su tesoro. Sin duda era una operación apasionante, pero que a él le quedaba grande. Hanna consiguió finalmente contactar con Ludwig Coenen, un miembro del departamento de Estudios Clásicos de la Universidad de Michigan. Los cincuenta y dos libros coptos gnósticos, o próximos al gnosticismo, descubiertos en 1945 cerca de Nag Hammadi, en el Alto Egipto, e identificados por primera vez por Jean Doresse, habían despertado entonces un interés excepcional entre los especialistas en copto, historiadores de la religión y teólogos. Entre 1970 y 1980 ese interés llegó a su apogeo. Estudiosos del copto y eruditos en general de Europa y América estaban finalizando sus diversas contribuciones (investigaciones y publicaciones) a este campo, y uno de los principales implicados en esta empresa era James M. Robinson, que colaboró en la dirección de la investigación de los manuscritos coptos de Nag Hammadi. Aquellos eruditos rastrearon los mercados de antigüedades de Europa y América con la esperanza de poder recuperar (y encontrar algún patrocinador o universidad para comprarlas) alguna de las páginas entonces perdidas de los trece códices de la biblioteca de Nag Hammadi, o textos más o menos parecidos a los ya encontrados e identificados.

FRACASO EN GINEBRA

La fascinante oferta de Hanna llevó a Koenen a ponerse en contacto con Robinson. Koenen le dijo que iría a Ginebra en mayo de 1983 para negociar la compra de tres códices en papiro. El primero, el único que le interesaba, contenía un texto matemático griego. El segundo, también en griego, era un libro del Antiguo Testamento e interesaba a uno de sus colegas, David Noel Freedman, que iba a acompañarlo a Ginebra. El tercer códice, sólo en copto, no les interesaba, pero ellos suponían que interesaría a Robinson. Así que se le ofreció la oportunidad de participar en las negociaciones y también de contribuir en la búsqueda de los fondos necesarios para la compra. Desde California llegó una respuesta afirmativa. Como él no podía asistir personalmente, envió a Stephen Emmel, uno de sus mejores estudiantes, con 50.000 dólares para el trato que se quería cerrar.

Esa cantidad, junto con el dinero del que disponían Koenen y Freedman, era ciertamente considerable, pero ni se aproximaba al precio puesto por Hanna a sus "tres" manuscritos. De hecho, el tercero, el que estaba en copto, estaba compuesto por dos códices distintos: el del Evangelio de Judas y otro con cartas de Pablo. Si Hanna lo hubiera sabido podría haberlo usado como pretexto para subir el precio. Incluso así, había un abismo entre la cantidad de dinero ofrecida por los eruditos y la exigida por Hanna, y la negociación se rompió muy pronto. Él creía que los textos eran tan importantes como los encontrados en Nag Hammadi. Como la atención dedicada por los medios de comunicación un cuarto de siglo antes a los textos de Nag Hammadi los había puesto a la altura de los famosos Rollos del Mar Muerto, tanto alboroto le había calentado la cabeza. La compra no se había podido consumar, y los tres compradores potenciales volvieron a casa con las manos vacías.

En este caso la operación terminó enseguida con un fracaso por culpa del exorbitante precio establecido por el vendedor y porque los investigadores sólo habían podido echar un discreto vistazo al codiciado texto durante una hora escasa. A continuación el manuscrito desapareció durante muchos años en una misteriosa caja de seguridad, con el peligro de desaparecer realmente si algún accidente durante sus insensatos traslados lo dejaba reducido a polvo o cenizas.

Aquí hace acto de presencia la cuestión de la moral de los científicos, o su deontología (sin entrar en consideraciones sobre sus simpatías o antipatías personales). Se puede perdonar una dilación breve, aceptando que uno piensa que una transacción privada es el procedimiento más eficiente, si luego se admite que la opción elegida no ha reportado ningún beneficio a la ciencia. Éticamente, la mejor decisión para el códice habría sido alertar, dándoles toda la información necesaria para intervenir, a otros especialistas en copto y estudiosos del gnosticismo, incluso si eran "rivales". En colaboración, los equipos competidores tal vez habrían podido conseguir más apoyo financiero, y de ese modo habrían podido "pescar el pez gordo". Tal como fueron las cosas, unas pocas notas en varias publicaciones académicas advirtieron de la existencia de nuevos testimonios de los gnósticos, pero de una manera velada que no permitía que alguien tuviese información suficiente para dirigirse al poseedor del documento y conseguirlo para los investigadores interesados. Algunos de esos detalles más precisos probablemente circularon "entre amigos", pero sin traspasar los límites de un círculo muy personal y confidencial.

La "deontología cooperativa", si es que se puede emplear esa expresión, podría haber rescatado el manuscrito mucho tiempo antes. En vez de eso, los investigadores tuvieron que volar desde Estados Unidos hasta Suiza para comprar un tesoro cuya existencia era desconocida para los especialistas en copto de Suiza y del resto de Europa.

En aquel momento aún no existía la Fundación Mecenas, creada en 1994. Ya en 1982 Frieda Tchacos Nussberger, nacida en Egipto y que ahora reside y se dedica al negocio de las antigüedades en Zurich, se había mantenido atenta a Hanna y a sus intentos de vender el códice. Le enviaron una fotografía de la página "5/19" del documento. La extraña foliación se debe a que, entre su descubrimiento y 1982, el manejo violento del manuscrito había producido un profundo pliegue aproximadamente horizontal que al parecer afectaba a todas las hojas, y todas se habían dividido en un fragmento superior (de cerca de un cuarto o un tercio de la altura) y otro inferior (los otros tres cuartos o dos tercios). El fragmento superior llevaba la foliación, lo cual me permitió más adelante establecer sin dudas una correlación entre los fragmentos superiores, una ventaja con la que no conté para ordenar los inferiores. En casi todos los casos se había desmenuzado una franja de uno o dos centímetros a lo largo del pliegue que había ensanchado el hueco. Eso dejó inconexos los fragmentos superiores y los inferiores y una serie de trozos de algunos milímetros que hacía imposible identificar y reunir los pedazos adyacentes. La foliación de la foto de 1982 era 5/19, porque quien fuera el que colocó los fragmentos para la fotografía, por error o deliberadamente, juntó la parte superior de la página 5 con la parte inferior de la 19.

Veinte años más tarde, como consecuencia de esas manipulaciones, los especialistas en copto que comenzaban a descifrar los textos del códice tenían muchas otras fotos de fragmentos mezclados: 5/13, 13/21 y muchos más. Stephen Emmel redactó un informe después de la revisión de 1983 que revela con cuánto respeto trató los papiros del documento. Siguiendo las instrucciones del propietario, evitó las manipulaciones. Su informe muestra su obvia preocupación por proteger todo lo posible la estructura física del códice:

Las hojas y fragmentos del códice deberían ser conservados entre dos placas de vidrio. Yo recomiendo medidas de protección semejantes a las aplicadas en la reconstrucción de los códices de Nag Hammadi... A pesar del deterioro ya sufrido, y que inevitablemente continuará entre este momento y la correcta conservación del manuscrito, yo creo que haría falta cerca de un mes para reorganizar los fragmentos del documento.

Después de haber revisado el códice por segunda vez, veintidós años después de la primera —tras su recuperación, en un estado muy precario, por la Fundación—, dio fe de que, hasta donde recordaba, en 1983 estaba relativamente poco fragmentado. Así lo describió su informe anterior:

Ciertamente la joya de toda la colección de cuatro manuscritos es el número 2, un códice en papiro del siglo IV, de aproximadamente 30 cm de alto por 15 cm de ancho, que contiene textos gnósticos. En el momento en que se descubrió el códice probablemente su condición era buena, con cubiertas de cuero y hojas completas con los márgenes intactos. Pero el códice ha sido tratado muy mal.

Ya había sido "maltratado" antes, entre el momento de su descubrimiento y la revisión del 15 de mayo de 1983, y su condición empeoró seriamente entre ese momento y 2001. Continúa:

> Sólo la mitad de las tapas de cuero (probablemente la cubierta) se conserva aún, y las hojas han sufrido algunas roturas. La falta de la mitad de las tapas y el hecho de que la foliación llegue sólo hasta la cincuentena me lleva a suponer que falta la última mitad del códice; sólo un estudio más minucioso podría confirmar o desmentir esta suposición. Los textos están en una variante poco corriente de sahídico ... El códice contiene al menos tres códices diferentes: (1) "El primer Apocalipsis de Santiago", ya conocido, aunque en una versión diferente, por el Códice V de Nag Hammadi (CNH V); (2) "La carta de Pedro a Felipe", ya conocida por CNH VIII ... ; y (3) un diálogo entre Jesús y sus discípulos (al menos Judas [presumiblemente Judas Tomás] interviene), de género parecido al del "Diálogo de la sabiduría" (CNH III) y "La sabiduría de Jesucristo" (CNH III y el códice gnóstico Berlin [PB 8502]).

Como se vio finalmente, los "objetos" 1 y 2 fueron identificados correctamente (aunque en orden incorrecto), pero Emmel no entendió bien quién era el Judas del número 3. En un artículo de 2005 (*Watani International*) Robinson apunta una explicación: "El vendedor había prohibido a sus visitantes que escribieran notas o tomaran fotografías, pero Emmel había infringido la orden subrepticiamente. Fue al cuarto de baño, y allí transcribió lo que su agudo ojo y su memoria habían retenido del material copto. Más tarde transcribió sus notas en un informe confidencial." El episodio lleva a preguntarse qué habría sucedido si Emmel, mediante alguna estratagema, hubiera tenido ocasión de examinar el manuscrito durante al menos algunos minutos en ausencia de su propietario, o incluso de fotografiar algunos pasajes característicos. Una inspección más profunda probablemente habría revelado la conveniencia de modificar el informe teniendo en cuenta información de la que no se disponía en junio de 1983. Esa información adicional habría corregido el "error" en el título exacto de "Santiago" (*Iakkōbos*, no Revelación de Santiago) y la posición del pequeño libro titulado Carta de Pedro a Felipe, que, como demuestra la foliación, precede a "Santiago" en el códice.

Entre 1983 y 2001:
EL DETERIORO AUMENTA Y SE ACELERA

Tenemos muy poca información precisa sobre lo que sucedió con los papiros durante los diecisiete años transcurridos entre el 15 de mayo de 1983 y el 3 de abril de 2000, cuando Frieda Tchacos Nussberger se hizo con el códice por primera vez. Por pruebas documentales conservadas en la Fundación Mecenas sabemos que el 23 de marzo de 1984 Hanna alquiló una caja de seguridad en una sucursal del Citibank en Hicksville, Nueva York, y que la mantuvo hasta el 3 de abril de 2000, día en que vendió sus manuscritos a Frieda Nussberger. La investigación efectuada por Herb Krosney ha revelado que en algún momento de 1984 Hanna entró en contacto con el tratante de manuscritos neoyorquino Hans P. Kraus, así como con el profesor Roger Bagnall de la Universidad de Columbia en Nueva York, para ofrecerles la venta de los manuscritos. Podemos suponer que durante los años siguientes Hanna acabó por entender que había fijado un precio demasiado elevado y que nunca conseguiría venderlos por esa cantidad. Los manuscritos continuaron durante todos esos años encerrados en una pequeña caja y sufriendo el cambiante, pero generalmente húmedo, clima de aquel suburbio de Nueva York.

El 3 de abril de 2000 Nussberger depositó el códice durante algunos meses para que lo examinaran en la Biblioteca Beinecke de la Universidad de Yale. Mientras estaba allí los especialistas tuvieron acceso a él para hacer una exploración que les permitiera saber mejor cuál era su contenido. Durante el tiempo que pasó en la Biblioteca Beinecke, Bentley Layton consiguió identificar el tercer libro incluido en el códice como el Evangelio de Judas (Iscariote). De todos modos, en agosto de 2000 Yale hizo saber que no iba a comprar el códice. El 9 de septiembre de 2000 Nussberger lo vendió a un anticuario estadounidense llamado Bruce Ferrini, de quien se dice que lo congeló, un proceso que lesionó su integridad de manera catastrófica. Después del calamitoso periodo pasado en la humedad de muchos veranos americanos, al parecer la funesta congelación provocó la destrucción parcial de la savia que mantenía unidas las fibras del papiro, lo volvió mucho más frágil y quebradizo y dio como resultado las hojas de papiro más endebles nunca vistas por los especialistas; una fragilidad que es una auténtica pesadilla para los restauradores. Aún más, la congelación hizo que toda el agua de las fibras migrase hacia la superficie antes de evaporarse, arrastrando consigo pigmentos del interior, que oscurecieron muchas páginas e hicieron aún más difícil la lectura de los textos.

Incapaz de cumplir con sus obligaciones financieras con Frieda Nussberger, el anticuario se comprometió a devolverle todas las partes del códice que estaban en su poder junto con todas las transcripciones y fotografías que hubiese hecho. Pero sucesos posteriores indicaron que Ferrini, después de entregar los materiales a Nussberger, seguía teniendo algunos fragmentos de páginas, al menos algunos que vendió en otro lugar. Además tenía muchas fotografías de las páginas, que entregó al especialista en copto Charles W. Hedrick.

Entonces el abogado suizo que había estado ayudando a Frieda Nussberger a recuperar los manuscritos que tenía Ferrini propuso que la Fundación Mecenas de Arte Antiguo, de Basilea, comprara el códice. Nussberger aceptó su oferta en el acto, y el códice fue importado oficialmente a suiza el 19 de febrero de 2001 en nombre de la Fundación.

Conforme a sus objetivos, la Fundación quería mantener el códice apartado del notable riesgo de andar circulando por el mercado, que fuera restaurado por profesionales, bien conservado y publicado, para más adelante donarlo a alguna institución en Egipto, su país de origen. Las autoridades egipcias aceptaron la promesa de donación y designaron el Museo Copto de El Cairo como destino final para el códice. Ésas son las circunstancias que condujeron a la reunión del 24 de julio de 2001.

Resurrección milagrosa: diagnóstico y primeras medidas

Los primeros días de julio de 2001 el destino (si se me permite usar ese término) se manifestó inesperadamente y puso en marcha el proceso que iba a convertir el "caso desesperado" del Códice Tchacos —próximo a la desaparición después de un largo periodo de agonía— en un "caso lleno de esperanza", a pesar de los daños sufridos, algunos de ellos lamentablemente irremediables. El asunto prometía un futuro glorioso, como había dicho Stephen Emmel en su informe del 1 de junio de 1983: "Les recomiendo encarecidamente que compren este códice gnóstico. Tiene un enorme valor académico, comparable en cualquier aspecto al de cualquiera de los códices de Nag Hammadi". Como resultado de una concatenación de sorprendentes coincidencias, fui llamado por la Fundación Mecenas. Tuvimos una reunión en Zurich el veinticuatro de ese mes.

Lo que me habían dicho acerca de aquel códice en papiro despertó mi curiosidad y pedí permiso para verlo primero. Y añadí esta propuesta: si el resultado del examen del enigmático documento era positivo yo podría asesorarlos acerca del procedimiento más adecuado a seguir; si los textos contenidos en el papiro eran suficientemente interesantes, podría prepararlos para su publicación. El manuscrito tenía que ser restaurado meticulosamente y consolidado. Eso no sería una labor trivial si, teniendo en cuenta la hipótesis más pesimista, se pensaba que estaba próximo a la desintegración total. Entonces se colocaría cada hoja del códice bajo un vidrio para fotografiarla, pues una parte esencial de la preparación de la edición debería basarse en fotografías de alta calidad para reducir la manipulación del original al mínimo posible. Con todo, se trataba de un proyecto interesante, estimulante, que podía entusiasmar aun ajustándose a normas estrictas. Al final de ese proceso, Mecenas, de acuerdo con sus principios, devolvería a Egipto un manuscrito digno de su antigua civilización, un objeto tratado con todo el cuidado que pudiera necesitar, completamente recuperado, correctamente publicado. El procedimiento podía ser considerado como un modelo de cooperación entre Mecenas y el país agraviado.

Sería injusto olvidar la enorme deuda que la comunidad científica tiene con Mecenas por su recuperación del papiro, el progresivo trabajo fotográfico y el establecimiento de las condiciones que hicieron posible la edición de los textos incluidos en el códice. Si este inicialmente desventurado códice ha resucitado del agujero negro al que parecía estar destinado, con su riqueza cultural completamente desconocida hasta ahora, los estudiosos del copto y los teólogos deben el milagro —y el término no es exagerado— a la ejemplar perseverancia de Mecenas en esta extraordinaria operación.

Pero volvamos al relato de los hechos del 24 de julio de 2001. Aquella tarde vi el famoso códice por primera vez. Esperaba una sorpresa, y en verdad lo fue. Cuando me lo enseñaron estaba apilado en el fondo de una caja de cartón; eran los restos de lo que había sido un antiguo códice en papiro, quizá de la primera mitad del siglo cuarto. Por lo que pude ver en aquella primera inspección del texto, estaba escrito en un dialecto sahídico del copto, salpicado de influencias que recordaban algún dialecto local del Medio Egipto. Eso coincidía con lo que me habían dicho del lugar del hallazgo, la región de El-Minya. Aquel primer vistazo, que calmó mi curiosidad, fue para mí una experiencia electrizante que me invitaba a descubrir lo que se ocultaba en el jardín secreto de aquel texto. Un dulce éxtasis, sí, intensamente estimulante, pero seguido por un golpe brutal. Durante mi larga carrera había tenido ante mis ojos muchos documentos coptos o griegos en papiro, algunos muy "enfermos", ¡pero nunca uno tan deteriorado! En muchos lugares el papiro estaba tan ennegrecido que su lectura se había vuelto prácticamente imposible. El papiro estaba tan endeble que no resistía el menor roce; casi cualquier contacto, por suave que fuera, amenazaba con reducirlo a polvo. Aparentemente no había ninguna esperanza.

De todos modos, tras el primer sobresalto, el atractivo del códice se volvió irresistible cuando di con uno de sus colofones, situado de manera que parecía estar en la última página, y con el nombre de un libro que se había dado por irremisiblemente perdido: *peuaggelion nioudas*, el Evangelio de Judas. Eso justificaba al menos una prueba preliminar. Y mientras evaluábamos el éxito de la empresa, las cosas ya no parecían desesperantemente negativas. En el fondo de la caja que lo contenía, con sus hojas frágiles y desmenuzadas, el códice parecía haber escapado de la disgregación progresiva. Incluso estando rota la parte central de la mayoría de las hojas en unos diez trozos, era razonable suponer que se habían mantenido dentro de la caja. Sacándolos con mucho cuidado, con el menor desorden posible, luego recomponiéndolos, consolidándolos de alguna manera, tal vez conseguiría, también con mucha paciencia y suerte, volver a reunirlos y pegarlos y reconstruir algunas partes de las destrozadas hojas. Otro motivo para ser moderadamente optimista era que el borde superior de las hojas parecía poco estropeado, y eso quería decir que existía la posibilidad de contar con una foliación continua. Eso me permitiría establecer el orden de aquellas páginas con algunos textos nunca encontrados en semejante estado y otro texto de un evangelio enteramente nuevo. Los propietarios del códice aceptaron aquel primer veredicto y se ofrecieron con bastante generosidad a asumir los gastos iniciales.

La primera medida necesaria para comenzar la reconstrucción sin demora era colocar todas las hojas, una por una, bajo un vidrio, incluidos los fragmentos incompletos. Faltaban partes importantes de las tapas del códice y, salvo algunas del centro, sus hojas ya no estaban unidas. Después de proteger las hojas así, podíamos ajustarlas con más libertad, con menos riesgo, fotografiarlas y finalmente leer el texto poco a poco, con el objetivo de traducirlo todo. Inmediatamente emprendimos el meticuloso trabajo. Tengo que destacar aquí la maestría y la destreza puestas en este trabajo de incomparable dificultad y delicadeza por Florence Darbre, directora del Atelier de Restauration (Nyon), que fue la encargada de la reconstrucción. Con sus dedos de hada hizo que fuera posible lo que a primera vista parecía condenado al fracaso. También contribuyó a nuestro éxito en la reconstrucción, transcripción, traducción y comentario del texto recuperado el excelente trabajo profesional del fotógrafo Christian Poite de Ginebra. La calidad de las fotografías que hizo fue una ayuda inestimable en nuestra lucha por identificar las letras gravemente dañadas, con demasiada frecuencia borrosas por la desastrosa condición del papiro. Así, el trabajo, dirigido con precisión y tenacidad, dio pronto sus primeros frutos. Entonces, en 2004, procedí a conseguir los servicios de un excelente colaborador en la persona de Gregor Wurst, especialista en copto por derecho propio.

Gracias al inusualmente preciso trabajo de reconstrucción y a nuestra investigación y evaluación, fue posible confirmar lo que otros observadores sólo habían podido vislumbrar antes de 2001: que aquel códice contenía cuatro textos diferentes. El cuarto (llamado Libro de Alógenes) no se nos mostró a mi colaborador Gragor Wurst y a mí hasta 2004. Ya habíamos detectado indicios de su existencia: se mantenía un considerable exceso en la foliación del códice, y esa primera observación primero despertó grandes esperanzas, ya que la cantidad de páginas relativamente bien conservadas parecía llegar a treinta, o incluso algo más. Aquellas esperanzas, de todos modos, acabaron pronto en un triste desengaño. Sin lugar a dudas, a medida que avanzaba más y más el examen del documento se hacía evidente que nuestro códice, antes de su compra por Mecenas, había sufrido, presumiblemente por parte de alguno de los anticuarios que lo habían tenido en su poder, varias manipulaciones descuidadas e imprudentes que a menudo hacían marchar nuestra investigación por un camino equivocado.

Reconstrucción y restauración

El Códice Tchacos había estado sometido a la presión de una mano más impaciente que respetuosa con la fragilidad del objeto. No es difícil imaginar unos ojos voraces, ávidos de ver algo más del texto en la difícilmente penetrable masa formada por la pila compacta de hojas de papiro superpuestas. Todas las hojas del manuscrito habían sido (¡ay!) rotas aproximadamente a dos tercios de su altura por el profundo pliegue del que ya he hablado. Esa fractura había dividido cada página en dos partes de distinto tamaño. Los fragmentos superiores llevan la foliación y muy poco texto. Los fragmentos inferiores, evidentemente, carecen de foliación, pero su ventaja es la relativa abundancia de texto coherente que contienen. De cualquier modo, el maltrato a todo el documento ha hecho especialmente difícil identificar la mayor parte de los fragmentos inferiores y colocarlos en su posición correcta, al haberse perdido cualquier contacto fiable con los correspondientes fragmentos superiores y haber sido revueltos los inferiores por alguna mano imprudente.

¿Qué? Me preguntaba. El códice había sido maltratado, robado, revuelto ¿por quién? ¿Por qué razón? Parecía completamente improbable y escandaloso imaginar a investigadores científicos maltratando, con desprecio de cualquier consideración ética, el manuscrito antes de dirigir su restauración, sólo por su desconsiderada ansia de saber, antes que unos hipotéticos competidores, el contenido de aquellos textos aún desconocidos.

Un marchante de antigüedades, por el contrario, puede tener otras prioridades e intereses. Ciertamente no querrá arriesgarse a dañar excesivamente (o a permitir que lo dañe un ayudante fotógrafo) el objeto por el que espera conseguir bastante dinero. Pero "no se puede hacer una tortilla sin romper los huevos", y tendría problemas para convencer a un posible comprador (especialmente si el precio fijado es demasiado alto) si no puede mostrar fotos o algunas partes del texto (colofones y otros títulos, decorados de manera atractiva) que despierten la curiosidad del comprador. Incluso si se da el caso de que un investigador participe en una operación semejante, pocos se atreverían a correr el riesgo de dañar el manuscrito con la esperanza de aumentar el precio antes de poder organizar un análisis sensato y metódico del manuscrito. La corrección de esta alegre intrusión en la primera mitad del códice se hizo mediante el análisis de los fragmentos superiores e inferiores que contenían la Carta de Pedro a Felipe y "Santiago", para los cuales tenemos en la colección de Nag Hammadi textos paralelos suficientes para poder identificar las partes inferiores que corresponden. Lamentablemente, el orden de las partes inferiores del Evangelio de Judas (sin ningún texto paralelo) era mucho menos claro. Sólo se podía establecer con certeza por la calidad de las fibras de papiro; aunque, más raramente, podíamos recurrir al método de la "correlación negativa" cuando era completamente imposible que el comienzo del texto de la parte inferior fuese la continuación del texto de la parte superior.

Todos los indicios llevaban a la impresión de que el códice podía haber sido revuelto para aumentar su atractivo comercial, y eso complicó en extremo el trabajo del investigador. Parecía haber sido reorganizado profundamente, tal vez para hacerlo más atractivo superficialmente y aumentar la curiosidad de un posible comprador.

De modo satisfactorio, resultó que el "paquete" de cerca de treinta hojas terminaba con el título final —entonces era lo normal colocar el título al final— "Evangelio de Judas". En simetría, podría haber parecido adecuado colocar un "título pequeño" también al principio del paquete, lo cual podría explicar por qué el final de la Carta de Pedro con el título, en realidad la parte inferior de la página 9, llegó a estar colocado debajo de la parte superior de la página 1, el comienzo de esa carta. Esa intervención creó artificialmente un sumario del libro, tan condensado que al principio nos hizo equivocarnos, hasta el momento en que nos dimos cuenta de que las páginas estaban desordenadas.

Advertí que todas esas reordenaciones aparentemente arbitrarias podrían haber dado como resultado que un negociante-prestidigitador todavía tuviera en su poder una cantidad considerable de los fragmentos inferiores de la Carta de Pedro y también otros de "Santiago" y el Evangelio de Judas, además de algunos fragmentos superiores cuya foliación hubiera desaparecido con el deterioro, y pudiera formar con ello un lote suplementario para vender. El paquete quedaría adornado colocando encima la hoja 29/30(?), que faltaba en el texto que teníamos. Precisamente una página decorada así (un colofón) apareció misteriosamente en el catálogo de una exposición religiosa itinerante en Estados Unidos; mostraba una página que debía estar numerada [30] y contenía el título final "Santiago" (pero bastante acortado en comparación con su "hermano" del Códice V de Nag Hammadi, en éste era simplemente "Santiago", sin mención de revelación o apocalipsis alguno). Las interpretaciones de estas evidentes reordenaciones siguen, por supuesto, en el terreno de las sospechas, pero si son capaces de causar impresión a los compradores de esas piezas desaparecidas podríamos ser capaces de recomponer los fragmentos dispersos para completar el códice.

ANUNCIO EN PARÍS

Con la autorización expresa de la Fundación Mecenas, el 1 de julio de 2004 en París, en el Octavo Congreso de la Asociación Internacional para los Estudios del Copto, anuncié el descubrimiento, por primera vez, de una copia (en copto) del "famoso Evangelio de Judas" (mencionado por san Ireneo en su libro *Contra las herejías* alrededor del año 180, pero completamente oculto desde entonces). Antes del final de 2006 se publicará la edición príncipe de todos los textos del Códice Tchacos. Será una edición con fotografías en color a tamaño real y en alta calidad de todas las páginas del códice. Como suplemento incluirá la reproducción, también en color, de los fragmentos de papiro (lamentablemente muy numerosos) que, durante el plazo razonable concedido por la Fundación Mecenas para evitar un retraso demasiado prolongado en la publicación de las partes ya relativamente legibles, no han podido ser colocadas. Esos trozos no serán claramente identificados y colocados en su lugar original sin considerables esfuerzos en el futuro. Así, identificado o no, no se excluirá de esta edición príncipe trozo alguno del famoso códice. Esos fragmentos, irremplazables por su autenticidad, seguirán a la espera en este invernadero fotográfico porque, poco a poco, serán identificados por entusiastas y sagaces lectores durante las décadas futuras. Las próximas generaciones también contarán con métodos y técnicas más eficientes que las actuales.

Uno de los procedimientos que hemos aplicado a la identificación de los restos es el recorte meticuloso, con infinita paciencia, de las fotografías en color de los preciosos fragmentos. El recorte lo hicieron manos voluntarias pertenecientes a Mireille Mathys, Serenella Meister y Bettina Roberty. Habiendo participado de esa manera en la resurrección del Códice Tchacos, también se merecen el completo reconocimiento de los investigadores que de ahora en adelante podrán disfrutar de este texto. Como estamos dando las gracias a todas las personas de buena voluntad que han colaborado generosamente en nuestro trabajo pero no aparecen en el elenco del libro, no sería justo omitir el nombre de Michael Kasser, que ayudó a resolver varios problemas en la interpretación de documentos fotográficos difíciles y que preparó la versión inglesa de los comentarios preliminares originalmente publicados en francés.

Después de mi anuncio esperaba las reacciones del público, pero sólo una persona, James Robinson, quiso hablar. Es uno de los más formidables organizadores de equipos de trabajo entre los estudiosos del gnosticismo, y públicamente me recomendó investigar la existencia de fotografías del códice que habían estado circulando por Estados Unidos durante los últimos veinte años y que podrían contener parte del texto que no llegó a Mecenas.

Esa advertencia pública produjo escaso efecto en París, y la mayor parte de los eruditos estadounidenses y canadienses con los que hablé me dijeron que no estaban al tanto de tal circunstancia.

Pero algunos meses más tarde, en diciembre de 2004, otro estadounidense especialista en copto, Charles Hedrick, muy involucrado en investigaciones y publicaciones sobre el gnosticismo, me envió su transcripción y traducción de los fragmentos inferiores y más importantes de las páginas 40 y 54 a 62 del códice. Esos mismos párrafos fueron al mismo tiempo publicados en Internet. Las transcripciones provenían de fotografías que le habían enviado. No me dijo el nombre de su fuente ni la fecha en la que había conseguido aquellas fotografías, pero los documentos publicados llevaban en la esquina superior derecha de las páginas la siguiente identificación manuscrita: "Transcripción – traducción – Evangelio de Judas – 9 de septiembre de 2001 – ... – fotografías de Bruce Ferrini". Eso demuestra que el anticuario estadounidense había faltado a su pacto de febrero de 2001 con Frieda Tchacos Nussberger al no entregarle *todas las fotos* y la documentación sobre el códice que tuviese. Aún más, también apuntaba que, contrariamente al buen juicio académico, Ferrini o alguna otra persona con acceso al códice lo había forzado para abrirlo por varios sitios para fotografiar diez "páginas buenas", y eso aceleró la fragmentación. ¡Cuántas horas gastadas en reparar (o, con mayor frecuencia, intentar reparar) daños que nunca deberían haberse producido!

En el libro de Herb Krosney hay una relación más detallada de los sufrimientos del códice.

El texto del Evangelio de Judas presentado en esta edición, aunque incompleto, ofrece a quien esté interesado en este trabajo apócrifo un mensaje muy coherente, a pesar de las pérdidas de texto debidas al maltrato sufrido por el Códice Tchacos. Judas ha resistido la pertinaz ignorancia de algunos de nuestros contemporáneos. Ha sufrido una pérdida de material por desgaste estimada entre el diez y el quince por ciento, y aun así el mensaje ha sobrevivido intacto en gran medida. Ahora podemos entender con claridad el "evangelio" o "declaración" transmitida hace mucho tiempo por esta voz perdida para la literatura mundial, gracias a una conjunción de suerte y buena voluntad, y a pesar de evidentes faltas a la ética. No siempre se encuentra un ánimo semejante en estos tiempos de materialismo, a través de los cuales nuestras almas intentan despejar un sendero de esperanza. Ahora, por fin, un documento de valor incalculable que estaba casi perdido para nosotros ha sido salvado.

Eso nos da razones para reír, como el majestuoso Jesús que nos presenta esta creación literaria de clase tan singular. Sonreímos ante los diálogos didácticos del "Maestro" (rabí) con sus discípulos de inteligencia espiritual algo limitada, e incluso con el mejor dotado de ellos, el protagonista humano de este "Evangelio",

Judas el incomprendido, con todas sus debilidades. También tenemos razones para sonreír más que lamentarnos ante el mensaje que había estado perdido para nosotros, que ahora emerge de su largo silencio milagrosamente resucitado.

La cristiandad alerta: la visión alternativa del Evangelio de Judas

Bart D. Ehrman

No sucede a diario que un descubrimiento bíblico agite por igual el mundo de los eruditos y el de los profanos y aparezca en primera página en la prensa de Europa y América. La última vez que eso sucedió fue hace más de una generación. Los Rollos del Mar Muerto fueron encontrados en 1947 y aún se habla de ellos en las noticias y siguen ocupando un lugar destacado en la imaginación popular. Tienen un papel destacado —sólo por dar un ejemplo manifiesto— en la novela de Dan Brown *El código Da Vinci*. Aunque resulta que lo que Brown dice sobre los Rollos del Mar Muerto es erróneo: los rollos no contienen evangelios acerca de Jesús ni, sin duda, referencia alguna al cristianismo primitivo ni a su fundador. Son libros judíos, relevantes porque revolucionaron nuestra manera de entender cómo era el judaísmo en sus años de consolidación, los años que también marcaron el comienzo del cristianismo. En la novela de Dan Brown son aún más importantes unos documentos descubiertos justo un año y medio antes que los Rollos del Mar Muerto, textos que hablan de Jesús y que afectan directamente a nuestra comprensión del cristianismo primitivo. Son escritos gnósticos descubiertos cerca de Nag Hammadi, Egipto, en diciembre de 1945, por un grupo de campesinos analfabetos que cavaban buscando abono. Aquellos escritos, guardados en una tinaja enterrada junto a una gran roca próxima a un farallón, incluyen evangelios antes desconocidos —libros que pretenden recoger las enseñanzas del propio Jesús—, con palabras bastante diferentes de las del Nuevo Testamento. Algunos de esos evangelios son anónimos, incluido uno llamado Evangelio de la Verdad. Otros fueron supuestamente escritos por los más próximos seguidores de Jesús, incluido el Evangelio de Felipe y, más notablemente, el Evangelio de Tomás, que consiste en 114 dichos de Jesús, muchos de ellos ya conocidos.

El Evangelio de Tomás bien podría ser el más importante descubrimiento sobre los comienzos del cristianismo hecho en tiempos modernos. Pero ahora ha aparecido otro evangelio, uno que rivaliza con el de Tomás por su carácter intrigante. Éste también está conectado con uno de los más íntimos allegados de Jesús y contiene enseñanzas eliminadas en tiempo remoto de las que luego formaron los evangelios canónicos del Nuevo Testamento. De todos modos, en este caso no hablamos de un discípulo conocido por su inquebrantable devoción a Jesús. Muy al contrario, es el discípulo considerado su enemigo mortal y traidor definitivo, Judas

Iscariote. Durante siglos hubo rumores de que existía tal evangelio, pero no conocimos su contenido hasta hace poco. Su reaparición contará como uno de los grandes hallazgos relacionados con la época paleocristiana, y sin duda es el descubrimiento arqueológico más importante de los últimos sesenta años.

Los otros varios objetos descubiertos desde los encontrados en Nag Hammadi en 1945 han resultado interesantes casi exclusivamente para los eruditos que querían saber más sobre los orígenes del cristianismo. El Evangelio de Judas, por otra parte, fascinará también a los profanos, porque este evangelio está centrado en una figura ampliamente conocida, muy denostada y sobre la que se han hecho muchas conjeturas. Han circulado muchas preguntas acerca de Judas a lo largo de los años, tanto entre los eruditos como en la calle: tomemos como muestras el éxito del musical *Jesucristo Superstar* y la producción de Hollywood *La última tentación de Cristo*.

Lo que dará popularidad (o quizá ignominia) al evangelio recién descubierto es que presenta un Judas bastante diferente del que habíamos conocido. Aquí no se trata del discípulo de Jesús malvado, corrupto y diabólico que traicionó a su maestro entregándolo a sus enemigos. En lugar de eso encontramos al amigo más íntimo de Jesús, el que le entendió mejor que ningún otro y entregó a Jesús a las autoridades porque Jesús *quiso* que así lo hiciera.

Entregándolo, Judas prestó el servicio más grande imaginable. Según este evangelio, Jesús quería escapar de este mundo material y contrario a Dios y volver a su morada celestial. Este evangelio contiene concepciones completamente diferentes de Dios, el mundo, Cristo, la salvación y la existencia humana —por no hablar del propio Judas— al cuerpo de creencias cristianas que quedó establecido como canon. Abrirá nuevos horizontes para la comprensión de Jesús y del movimiento religioso que fundó.

Nuestro primer conocimiento del Evangelio

Mucha gente conoce ahora cuatro y sólo cuatro relatos de la vida y la muerte de Jesús: los de Mateo, Marcos, Lucas y Juan, los cuatro evangelios del Nuevo Testamento. Pero, como se ha ido reconociendo ampliamente, incluso fuera del ambiente de los eruditos, se escribieron muchos otros evangelios durante los primeros siglos de la Iglesia cristiana.

La mayoría de esos evangelios alternativos acabaron siendo destruidos por heréticos —es decir, por divulgar "ideas erróneas"— o se perdieron en la Antigüedad por falta de interés general. Pero actualmente no falta el interés por esos evangelios. Encontrarlos y estudiar lo que tengan que decir se ha convertido en obsesión de muchos investigadores. No sabemos a ciencia cierta cuántos evangelios sobre Jesús se escribieron en los primeros doscientos años de cristianismo. Los cuatro del Nuevo Testamento son los más antiguos que han sobrevivido. Pero muchos otros fueron escritos poco después de esos cuatro —incluidos los evangelios de Tomás y Felipe que ya he mencionado, el Evangelio de María —María Magdalena—, descubierto en 1896 pero que recientemente ha despertado gran interés, y ahora el Evangelio de Judas.

No estamos seguros de cuándo se escribió este Evangelio. La copia que tenemos parece datar de finales del siglo tercero —aproximadamente alrededor de 280 (250 años después de la muerte de Jesús). En el caso del Evangelio de Marcos, por ejemplo, las copias más antiguas que han sobrevivido son del siglo tercero, pero el de Marcos, muy probablemente el primero de los evangelios canónicos que se escribió, es casi seguro que fue redactado hacia 65 o 70. Las copias más antiguas se han perdido, estropeado o destruido. Igual que ha ocurrido con las primeras copias del Evangelio de Judas.

Sabemos que este evangelio tuvo que ser escrito al menos cien años antes que esta copia superviviente del siglo tercero o cuarto, porque fue el blanco de uno de los grandes autores de la Iglesia cristiana primitiva, Ireneo, obispo de Lugdunum, en la Galia (la actual Lyon, en Francia), en un escrito de alrededor del año 180. Ireneo es uno de los primeros y mejor conocidos refutadores de herejes de la antigüedad cristiana. Ireneo escribió un trabajo en cinco volúmenes que atacaba a los herejes (los que sostienen falsas doctrinas) y expuso un punto de vista que a él le parecía "ortodoxo" (correcto). En esa obra menciona diversos grupos heréticos, refuta sus puntos de vista heréticos y ataca sus escritos heréticos. Uno de los textos erróneos que cita es el Evangelio de Judas. Los herejes a los que Ireneo vio como más peligrosos para la ortodoxia cristiana fueron los gnósticos. Para comprender lo que Ireneo dijo en particular sobre el Evangelio de Judas, primero debemos entender las creencias de las religiones gnósticas y por qué una de esas religiones aclamaba a Judas como gran héroe de la fe en lugar de como un enemigo de Cristo.

Antes del descubrimiento de los textos gnósticos de Nag Hammadi en 1945, Ireneo era una de nuestras principales fuentes de información sobre los diversos grupos gnósticos del siglo segundo. Desde el descubrimiento de Nag Hammadi los eruditos han venido discutiendo si Ireneo sabía de qué estaba hablando y si presentó objetivamente las ideas de sus oponentes. La causa es que la perspectiva religiosa en los documentos de Nag Hammadi difiere en algunos aspectos fundamentales de las descripciones infamatorias de Ireneo. Pero haciendo una lectura sensata de su libro y dando crédito a los relatos de primera mano de los textos recién descubiertos —que, a fin de cuentas, fueron escritos por gnósticos para gnósticos— podemos recomponer una buena parte de la doctrina de las diversas religiones gnósticas.

Para comenzar debería decir que hubo una gran cantidad de religiones gnósticas, que diferían entre sí en muchos aspectos, generales y particulares. Su variedad era tan grande que algunos eruditos han insistido en que no se debería utilizar más el término "gnosticismo": es un cajón de sastre demasiado pequeño para dar cabida a toda la diversidad religiosa que encontramos en sus supuestos grupos. Mi opinión es que esto está llegando demasiado lejos, que es perfectamente legítimo hablar de gnosticismo igual que es correcto hablar de judaísmo o cristianismo a pesar de que hay enormes diferencias entre las clases de judaísmo o cristianismo que vemos en el mundo moderno, por no hablar de la Antigüedad. En relación a la corriente concreta del gnosticismo representada por el Evangelio de

Judas, podemos remitirnos al excelente ensayo de Marvin Meyer (publicado en este libro), que explica el evangelio en los términos de la secta conocida como gnósticos séticos. Pero aquí debo explicar en términos generales lo que tenían en común las diversas y extendidas sectas gnósticas y por qué escritores ortodoxos como Ireneo las veían como una amenaza. El término *gnosticismo* deriva de la palabra griega *gnosis*, que quiere decir "conocimiento". Gnósticos son los que "tienen el conocimiento". ¿Y qué es eso que saben? Conocen secretos que pueden conducir a la salvación. Para los gnósticos, una persona se salva no por la fe en Cristo o por sus buenas obras, sino por el conocimiento de la verdad —la verdad acerca del mundo en el que vivimos, acerca de quién es el verdadero Dios y, especialmente, acerca de quiénes somos nosotros mismos. En otras palabras, se trata en gran medida de autoconocimiento: conocimiento de nuestro origen, de cómo hemos llegado aquí y de cómo podemos volver a nuestra morada celestial. Según la mayoría de los gnósticos, este mundo material *no* es nuestra casa. Estamos atrapados aquí, en estos cuerpos de carne, y necesitamos aprender el modo de escapar. Para los gnósticos que también eran cristianos (muchos gnósticos no lo eran) es el propio Cristo quien nos trae ese conocimiento secreto desde los cielos. Él revela la verdad a sus seguidores más próximos, y es esa verdad lo que puede hacerlos libres.

El cristianismo tradicional enseña, por supuesto, que nuestro mundo es la maravillosa creación del único dios verdadero. Pero no era eso lo que pensaban los gnósticos. Según un amplio abanico de grupos gnósticos, el dios que creó este mundo no es el único, y de hecho ni siquiera es el más poderoso ni es omnisciente. Es una deidad más baja, inferior, y a menudo ignorante. ¿Cómo puede alguien mirar este mundo y decir que es maravilloso? Los gnósticos veían los desastres que los rodeaban —terremotos, tempestades, riadas, hambrunas, sequías, epidemias, miseria, sufrimiento— y declararon que el mundo no es bueno. Pero, dijeron, ¡no puedes culpar de este mundo a Dios! No; este mundo es un desastre cósmico, y sólo habrá salvación para aquellos que aprendan cómo escapar de este mundo y de sus trampas materiales.

Algunos pensadores gnósticos explicaron este perverso mundo material desarrollando complicados mitos de la creación. Según esos mitos, la deidad suprema queda enteramente fuera del mundo, pues es espíritu absoluto sin cualidades ni aspectos materiales. Ese ser divino engendró una numerosa prole: los *eones*, que, como él, eran entidades espirituales. Originalmente, ese reino divino habitado por Dios y sus eones era todo cuanto había. Pero sucedió una catástrofe cósmica, en la cual uno de aquellos eones de alguna manera cayó fuera del reino divino, y eso dio lugar a la creación de otras entidades divinas que, por lo tanto, cobraron existencia fuera de la esfera divina. Esas divinidades menores crearon nuestro mundo material, hicieron el mundo como lugar donde retener las chispas de divinidad que habían capturado, a las que colocaron en cuerpos humanos. Algunos humanos, en otras palabras, tienen un elemento de la divinidad en su interior, en su núcleo esencial. Esas personas no tienen almas mortales, sino inmortales, encerradas temporalmente en este miserable y caprichoso reino material. Y esas almas necesitan escapar, volver al reino divino de donde vinieron. Los mitos narrados por los diversos grupos gnósticos diferían bastante entre sí en muchos detalles. Y no son nada sin los detalles. A los lectores modernos esos mitos pueden resultarles enormemente confusos y extraños. Pero su punto más importante está claro: este mundo no es la creación del único dios verdadero. El dios que hizo este mundo —el Dios del Antiguo Testamento— es una deidad de segundo orden, inferior. No es el dios supremo que debe ser adorado. Más bien debe ser evitado aprendiendo la verdad sobre el reino divino definitivo, sobre este perverso mundo material y sobre cómo podemos escapar de él.

Debo remarcar que no todo el mundo cuenta con los medios para escapar. La causa es que no todo el mundo tiene la chispa de divinidad en su interior; sólo algunos de nosotros. Los demás son las creaciones del dios inferior de este mundo. Ellos, como las demás criaturas que hay aquí (perros, tortugas, mosquitos y otros), morirán y ése será el final de su historia. Pero algunos de nosotros somos divinidades atrapadas. Y necesitamos aprender la manera de volver a nuestra morada celestial. ¿Cómo podemos hacernos con el conocimiento secreto necesario para nuestra salvación? Obviamente, no podemos conseguirlo observando el mundo que nos rodea y deduciéndolo por nosotros mismos. El estudio de este mundo sólo proporciona información sobre la creación material de una deidad inferior que no es el Dios verdadero. Lo que necesitamos no es eso, sino que se nos haga una revelación desde las alturas. Es necesario que haya un emisario del reino espiritual que venga a nosotros para decirnos la verdad sobre nuestro origen, nuestro destino y cómo podemos escapar. En las religiones cristianas gnósticas ese enviado de las alturas para revelarnos esa verdad es Cristo. Sentada esta base, Cristo no fue un simple mortal que impartía sabias enseñanzas religiosas; ni el hijo del dios creador, el Dios del Antiguo Testamento. Algunos gnósticos enseñaban que Cristo era un eón del reino superior; que no era un hombre de carne y hueso nacido en este mundo del creador, sino que había venido de arriba sólo con la *apariencia* de ser humano. Era un fantasma encarnado para enseñar a los que habían sido llamados (es decir, los gnósticos, que albergan la chispa) las verdades secretas que necesitan para su salvación. Otros gnósticos enseñaban que Jesús era un hombre real, pero que la chispa que había en su interior no era corriente. Su alma era una entidad divina especial que vino de las alturas para habitar temporalmente en el hombre Jesús, para usarlo como instrumento para la revelación de las verdades necesarias a sus seguidores más próximos. Establecido eso, el elemento divino entró en Jesús en algún momento de su vida —por ejemplo, en su bautismo, cuando el Espíritu descendió sobre él— y lo abandonó una vez que su misión hubo terminado. Eso explicaría por qué, en la cruz, Jesús gritó: "¡Dios mío, Dios mío! ¿por qué me has abandonado?". Porque el elemento divino que había en él lo abandonó antes de su crucifixión, ya que, a fin de cuentas, la divinidad no puede sufrir y morir.

Los perseguidores de herejías como Ireneo encontraban a los gnósticos particularmente peligrosos y difíciles de atacar. El problema era que no se podía razonar con un gnóstico para mostrarle que seguía un camino equivocado: ¡él tenía un conocimiento secreto del que los otros carecían! Si se le decía que erraba, él podía simplemente encogerse de hombros y tacharnos de ingnorantes. Y así Ireneo y otros como él tuvieron que echar el resto en sus ataques intentando convencer a otros cristianos, al menos, de que en realidad los gnósticos no estaban en posesión de la verdad, sino que la habían pervertido rechazando al Dios del Antiguo Testamento y su creación y negando que Cristo fuera realmente un ser humano de carne y hueso, cuya muerte y resurrección (no sus enseñanzas secretas) traían la salvación. En los cinco tomos de la refutación de Ireneo a los gnósticos se condenan sus creencias por ser irremediablemente contradictorias, ridículamente detalladas y contrarias a las enseñanzas de los propios apóstoles de Jesús. Algunas veces Ireneo citó algunos textos gnósticos para ridiculizarlos cotejándolos con la Escrituras aceptadas por la Iglesia de manera general. Uno de los escritos de los que se burló era precisamente el Evangelio de Judas.

Los gnósticos cainitas y el Evangelio de Judas

Uno de los muchos grupos gnósticos que Ireneo atacó fue el de los cainitas. No sabemos si este grupo realmente existió o si Ireneo simplemente se inventó el nombre; no hay ningún registro independiente que mencione su existencia. De todos modos, una de las cosas que Ireneo dijo sobre los cainitas es que el Evangelio de Judas era el punto de referencia de sus creencias aberrantes.

El grupo tomó su nombre de Caín, el primer hijo de Adán y Eva. Caín es conocido en los anales de la historia bíblica por ser el primer fratricida. Estaba celoso de su hermano menor Abel, a quien Dios amaba de manera especial, y por eso Caín lo mató (Génesis 4). ¿Por qué entonces los cainitas lo escogieron entre todos los humanos como figura fundamental de su fe? Porque creían que el Dios del Antiguo Testamento no era el dios verdadero al que había que adorar, sino el ignorante creador de este mundo del cual había que escapar. Y así todos los personajes de la historia judía y cristiana que se enfrentaron a Dios —Caín, los habitantes de Sodoma y Gomorra y finalmente Judas Iscariote— eran los únicos que habían visto la verdad y habían entendido los secretos necesarios para la salvación.

Según Ireneo los cainitas llevaron su oposición al Antiguo Testamento a una posición ética extrema. Se oponían a cualquier cosa ordenada por Dios, y apoyaban todo aquello a lo que Dios se oponía. Si Dios decía que hay que respetar el descanso del sábado, no comer cerdo y no cometer adulterio, ¡entonces la manera de demostrar la libertad respecto de Dios es ignorar el sábado, comer cerdo y cometer adulterio!

No sorprende comprobar que un grupo gnóstico con tal inversión de valores veía en el supuesto enemigo de Jesús a su mayor aliado. Según Ireneo, los cainitas tomaban como autoridad el Evangelio de Judas. Y según este evangelio, nos dice Ireneo, sólo Judas entre todos los discípulos entendió el mensaje de Jesús e hizo lo que el propio Jesús quería entregándolo a las autoridades para que lo crucificaran. De ese modo veían a Judas como el perfecto seguidor de Jesús, aquel cuyos actos había que imitar en lugar de despreciarlos. Porque fue a él a quien Jesús hizo depositario del conocimiento secreto necesario para la salvación.

El Evangelio de Judas que ahora publicamos es casi con certeza el evangelio citado por Ireneo en 180. Los eruditos pueden disentir en cuanto a la fecha de su redacción, pero probablemente la mayoría lo datarán entre 140 y 160. Fue escrito en un momento en el que las religiones gnósticas comenzaban a prosperar dentro de la Iglesia cristiana, y ya había circulado durante algunos años cuando Ireneo comenzó su ataque. Que éste es el evangelio que Ireneo conoció queda confirmado por sus contenidos. Porque en este evangelio Judas es el único discípulo que entiende la verdadera naturaleza de Jesús, y el único a quien Jesús da a conocer su revelación secreta que puede conducir a la salvación. Los otros discípulos adoran al Dios del Antiguo Testamento, y por ello son "ministros del error". Puesto que conoce la verdad, Judas presta el mayor servicio a Jesús: lo entrega para que lo ejecuten y para que así el ser divino que hay dentro de Jesús pueda escapar de la trampa de su cuerpo material. O, como Jesús declara de manera palmaria en este evangelio, "Tú [Judas] serás superior a todos ellos [es decir, los demás discípulos] porque sacrificarás el cuerpo en el que vivo".

¿Cómo es el retrato que hace de Judas este evangelio? En qué difiere su perspectiva religiosa global de los puntos de vista "ortodoxos" que acabaron siendo aceptados por la mayoría de los cristianos? Y ¿por qué éste entre otros libros semejantes acabó siendo excluido del cuerpo canónico de las Escrituras cristianas?

Hay varias personas llamadas Judas en el Nuevo Testamento, igual que hay más de una María, un Herodes y un Santiago. Como tantos de ellos llevaban el mismo nombre —y como las personas de clase baja no usaban apellidos— había que distinguirlos de alguna manera. Habitualmente eso se conseguía indicando su procedencia o su parentesco. Por ejemplo, las varias María son llamadas María madre de Jesús, María de Betania, María Magdalena, y así todas. Entre los llamados Judas uno era un hermano real de Jesús (Mateo, 13:55); otro era un discípulo: Judas, hijo de Santiago (Lucas 6:16); y un tercero era otro discípulo: Judas Iscariote. Los eruditos han discutido durante mucho tiempo el supuesto significado de "Iscariote", y nadie lo sabe con certeza. Podría referirse al pueblo natal de Judas, una aldea de Judea (al sur del actual Israel) llamada Keriot (Ish-Keriot, o Iscariote, significaría "hombre de Keriot"). En todos los casos en que haga referencia a un Judas en este comentario se tratará de éste: Judas Iscariote.

Judas en los evangelios del Nuevo Testamento

La traición de Judas no es presentada como un acto ignominioso en el Evangelio de Judas. Pero en los evangelios del nuevo Testamento ésa es su marca distintiva. Entre los doce discípulos, él es la manzana podrida. Se menciona a Judas unas veinte veces en esos libros, y cada vez el autor tiene algún improperio que lanzar contra él, casi siempre haciendo notar simplemente que fue quien traicionó a Jesús. Todos ellos dan por hecho que aquél fue un acto muy vil. A lo largo de los años, los lectores se han hecho esta pregunta: si Jesús debía morir en la cruz para la salvación del mundo, ¿no fue entonces una *buena* acción la de Judas al entregarlo? Sin la traición no habría habido arresto, sin el arresto no habría habido juicio, sin el juicio no habría habido crucifixión, sin la crucifixión no habría habido resurrección; y, resumiendo, nosotros *aún* no seríamos salvados de nuestros pecados. Así pues ¿por qué fue algo tan malo la acción de Judas?

Los redactores de nuestro evangelio nunca se plantearon esa cuestión. Simplemente dieron por hecho que Judas traicionó a la causa y a su maestro; y que incluso siendo para bien, su acto fue un pecado condenable: "¡Habría sido mejor para aquel hombre no haber nacido!" (Marcos 14:21).

Estos relatos nos dan diversas versiones de por qué Judas traicionó a Jesús. En el primero de nuestros Evangelios, el de Marcos, no se nos da explicación alguna de su acto: Judas va a las autoridades judías voluntariamente para traicionar a Jesús, y ellos acceden a darle a cambio algún dinero (Marcos 14:10–11). Es posible que Judas quisiera el dinero, pero Marcos no dice que esa fuera su motivación. El Evangelio de Mateo, escrito algunos años después del de Marcos, es más explícito: en esta versión Judas se presenta antes las autoridades judías para ver qué puede conseguir a cambio de su traición; acuerdan un pago de treinta monedas de plata, y él mantiene su parte del trato. Aquí Judas sencillamente quiere dinero (Mateo 26:14–16).

El Evangelio de Lucas fue escrito por la misma época que el de Mateo, y en él se introduce un factor adicional: según Lucas, Satán —el enemigo supremo de

Dios— entró en Judas y lo empujó a su vil acción (Lucas 22:3). En esta narración Judas podría decir: "El diablo me obligó a hacerlo". El último evangelio es el de Juan, y por él nos enteramos de que Jesús supo todo el tiempo que "uno de vosotros [es decir, uno de los discípulos] es un demonio" (Juan, 6:70). Más aún: se nos dice que Judas era el tesorero del grupo (Juan 12:4–6) y que frecuentemente hacía uso de ese dinero para sus propios fines. En este evangelio, pues, Judas es movido a la vez por su naturaleza diabólica y por la codicia. Pero ¿cuál fue exactamente la traición de Judas a favor de las autoridades? En eso están de acuerdo los cuatro evangelistas. Jesús y sus discípulos habían bajado desde el norte hasta la capital, Jerusalén, para celebrar la Pascua judía. Esta celebración era un gran evento en la ciudad en aquel tiempo, pues durante ella la población de la ciudad aumentaba notablemente a medida que los peregrinos de todo el mundo iban llegando para alabar a Dios, en conmemoración de la ayuda recibida de él muchos siglos atrás cuando salvó de la muerte a los hijos de los israelitas y los envió a Egipto. A causa de las enormes multitudes reunidas, siempre se temía que el fervor religioso tomara un sesgo febril que desembocara en alborotos. Las autoridades estaban especialmente preocupadas de que Jesús pudiera ser conflictivo, así que querían arrestarlo cuando estuviese apartado de la multitud, discretamente, de manera que pudieran deshacerse de él sin organizar un gran escándalo. Judas fue quien les dijo cómo podían hacerlo. Los condujo hasta él en plena noche, cuando estaba sólo con sus discípulos, rezando. Así las autoridades lo arrestaron en secreto, juzgaron a Jesús ante un tribunal improvisado y lo crucificaron antes de que se pudiera organizar cualquier clase de oposición.

Lo que le sucedió a Judas después sólo lo cuentan dos de los evangelistas. La más extendida es la versión de Mateo: Judas, abrumado por los remordimientos, devolvió las treinta monedas de plata a los sacerdotes judíos y corrió a ahorcarse. Los sacerdotes se dieron cuenta de que no podían depositar aquel dinero en las arcas del Templo porque había servido para pagar la traición a un inocente, así que compraron con él un campo donde enterrar a los extranjeros. Aquel campo fue llamado "campo del alfarero", posiblemente porque hubiera en él la arcilla roja que usaban los alfareros de la ciudad. Luego fue conocido como "campo de sangre", porque había sido comprado con "dinero manchado de sangre".

Marcos y Juan nada dicen de la muerte de Judas, ni tampoco Lucas. Pero en los Hechos —libro escrito por Lucas a modo de secuela de su evangelio— encontramos otra versión de la muerte de Judas, también conectada con un campo de Jerusalén. Pero en este caso se dice que el dueño del campo en el cual murió era el propio Judas. En este relato no se ahorca. En lugar de eso, "revienta por el medio" (es decir, su vientre se abre) y sus entrañas se esparcen por el suelo. Por *eso* se le da el nombre de "campo de sangre" (Hechos 1:15-19). En este caso no parece tratarse de un suicidio, como en Mateo, sino de una intervención de Dios, que da a Judas un final sangriento como justo castigo por su vil acción. Todos estos relatos contrastan vivamente con los que encontramos en el Evangelio de Judas. Aquí la acción de Judas no es mala. En lugar de eso, lo que Judas hace es por voluntad de Dios, como le explica en una revelación secreta el propio Jesús. Haciendo posible la muerte de Jesús, Judas permite que la chispa divina que hay en su interior escape de la trampa de su cuerpo material para volver a su morada celestial. Judas es el héroe, no el malvado.

Judas en el Evangelio de Judas

En las palabras de introducción a este evangelio recién recuperado queda claro que el Judas que se nos presenta no es igual en nada al que vemos en el Nuevo Testamento, y que el relato que sigue contiene un punto de vista gnóstico de su acción. El texto comienza diciendo que es una "crónica secreta de la revelación hecha por Jesús en conversación con Judas Iscariote". De lo primero que se nos informa, pues, es de que éste es un relato "secreto": no es para todos, sino sólo para los que tienen el conocimiento, es decir, para los "gnósticos". La crónica contiene una revelación hecha por Jesús, el emisario divino, el único que puede revelar la verdad necesaria para la salvación. Y ¿a quién se la revela? No a las multitudes que se apiñan para escuchar sus enseñanzas; ni siquieran a los doce discípulos que él reunió para acompañarlo. Únicamente reveló su secreto a Judas Iscariote, su amigo más íntimo y el único en este evangelio que entiende la verdad acerca de Jesús.

La siguiente ocasión en que Judas es mencionado en el texto es cuando Jesús desafía a los doce discípulos a mostrar sin son o no "perfectos" (es decir, capaces de alcanzar la salvación) manteniéndose ante él. Todos los discípulos afirman contar con la fuerza necesaria para eso, pero de hecho sólo Judas es capaz de resistir, e incluso él debe volver el rostro. Eso debe significar que

Judas lleva en su interior la chispa de divinidad, por lo cual en cierto sentido está a la altura de Jesús, aunque él no ha llegado aún a entender la verdad secreta que Jesús está a punto de revelar, y por eso desvía la mirada. Pero Judas conoce la verdadera identidad de Jesús —algo para lo que los demás están completamente ciegos— porque proclama que Jesús no es un simple mortal de este mundo. Él procede del divino mundo celestial: "Tú perteneces al reino inmortal de Barbelo", dice. Como explica Marvin Meyer, según los gnósticos séticos, Barbelo es una de las deidades primigenias del reino perfecto del Dios verdadero. De ahí es de donde procede Jesús, no de este mundo creado por una deidad secundaria e inferior. Por haber percibido Judas correctamente la personalidad de Jesús, éste lo lleva aparte, lejos de los otros ignorantes, para enseñarle "los misterios del reino". Sólo Judas recibirá el conocimiento secreto necesario para la salvación. Y Jesús le informa de que se salvará, aunque sufrirá en el proceso. Sufrirá porque será rechazado por "los doce", que pondrán a otro en su lugar. Esto es una referencia a lo que sucede en el libro de los Hechos de los Apóstoles del Nuevo Testamento, cuando tras la muerte de Judas los once discípulos lo reemplazan con Matías para seguir siendo doce (Hechos 1:16–26). Para el Evangelio de Judas eso es bueno (no para los doce, sino para Judas). Él es el único que podrá alcanzar la salvación, mientras que los otros apóstoles continúan preocupados por "su dios", es decir, el dios creador del Antiguo Testamento, a quien tanto Jesús como Judas pueden superar.

Este asunto es retomado más adelante en el texto, cuando Judas cuenta a Jesús una "gran visión" que ha tenido y lo ha inquietado. En esa visión aparecían los doce discípulos (evidentemente, los otros y el que luego lo reemplazó) lapidándolo. Pero entonces vio una gran casa llena de gente esplendorosa. Judas quiso entrar en esa casa, porque la casa representa el reino divino donde los espíritus inmortales moran en eterna armonía. Jesús le informa de que nadie nacido de mortales puede entrar en la casa: "Está reservada para los santos". Pero, como veremos más adelante en el texto, eso quiere decir que a todos aquellos que, como Judas, llevan la chispa de la divinidad en su interior se les permitirá la entrada cuando hayan escapado de su carne mortal.

La inminente muerte de Judas, en otras palabras, no será una gran tragedia, aunque en ese momento pueda hacerlo padecer. Tras su muerte se convertirá en el "decimotercero", es decir, quedará fuera de los doce discípulos y superará su número. Sólo él será capaz de entrar en el reino divino simbolizado por la gran casa de su visión. Y, así, Judas será "maldecido por la otra estirpe", la de los mortales que no están destinados a la salvación definitiva. Al mismo tiempo, él "llegará a prevalecer sobre ella", porque será muy superior a todos en este mundo material cuando haya alcanzado su salvación definitiva a partir del conocimiento secreto que Jesús le va a revelar.

Una buena parte del evangelio recuperado contiene la revelación secreta que Jesús confió sólo a Judas. Se habla de "un reino grandioso e ilimitado": el reino de los seres auténticamente divinos que hay más allá de este mundo y muy por encima de las deidades inferiores que crearon esta existencia material y a los humanos. La revelación sorprenderá a muchos lectores modernos por excesivamente compleja y difícil de entender. Pero su sentido es claro: han existido numerosas deidades superiores desde antes de la aparición de los dioses de este mundo. Entre los dioses de este mundo está incluido El (el nombre de Dios en el Antiguo Testamento); su ayudante Nebro, también llamado Yaldabaot, que está manchado de sangre y cuyo nombre significa "rebelde"; y otro llamado Saclas, que significa "tonto". Así que las deidades responsables de este mundo son el Dios del Antiguo Testamento, un rebelde manchado de sangre y un tonto. No es un cartel muy brillante para el creador(es) del mundo.

Se dice que Saclas, el tonto, fue quien creó a los humanos "a [¿su?] imagen", lo cual lleva a Judas a preguntar: "¿pueden los humanos vivir más allá de este mundo?". Como veremos más adelante, la respuesta es un "sí" con matices. Algunos humanos albergan un elemento de la divinidad. Ésos vivirán más allá de este mundo y entrarán en el reino divino que hay más allá de los insensatos y sanguinarios dioses creadores.

El propio Judas es el primero que lo conseguirá. Se nos dice hacia el final del texto que su deseo se ha cumplido: entra en la "nube luminosa" que representa, en este texto, el mundo del Dios verdadero y sus eones. Como todos los demás, Judas tiene una "estrella guía" (v. el ensayo de Marvin Meyer). Su estrella es superior a todas las demás. Su estrella "marca el camino".

Conduce a su propia comprensión de todo cuanto Jesús le ha enseñado. La salvación no llegará por la adoración del dios de este mundo o la aceptación de su creación. Llegará por la negación de este mundo y el rechazo del cuerpo que nos liga a él. Ésa es la causa fundamental de que la acción que Judas realiza por Jesús sea una buena acción, que le da el derecho a ser superior a los demás. Entregando a Jesús a las autoridades, Judas le permite escapar de su carne mortal para volver a su morada eterna. Ya hemos visto a Jesús decir: "Tú los superarás a todos, porque tu sacrificarás el cuerpo en el que vivo".

La escena de la traición se narra con estilo seco y breve, y difiere en muchos aspectos de los relatos del Nuevo Testamento. Aquí Jesús no está en el exterior, rezando en el monte de los Olivos, por ejemplo. Está en el interior, en una "habitación de invitados". Como en los evangelios del Nuevo Testamento, las autoridades judías, aquí llamadas "los escribas", quieren prender a Jesús discretamente "porque estaban preocupados por la gente, pues todos veían en él a un profeta". Pero cuando ven a Judas se sorprenden: "¿Qué haces aquí? Tú eres un discípulo de Jesús". Tampoco aquellas autoridades entienden la verdad: que el verdadero servicio a Jesús consiste en entregárselo para que puedean ejecutarlo. Judas les da la respuesta que ellos quieren oír: si le dan algún dinero a cambio, él les entregará a Jesús. Y ése es el final del evangelio, en lo que para su autor era el clímax del relato: no la muerte y la resurrección de Jesús, sino el acto de fe de su más íntimo amigo y fiel seguidor, aquel que lo entregó para que muriera y pudiese volver a su morada celestial.

ENFOQUES TEOLÓGICOS INUSUALES EN EL EVANGELIO DE JUDAS

Ya hemos advertido algunos de los principales asertos teológicos de este evangelio: el creador de este mundo no es el único Dios verdadero; este mundo es un lugar perverso del que hay que escapar; Cristo no es el hijo del creador; la salvación no llega por la muerte y la resurrección de Jesús, sino por la revelación del conocimiento secreto que él nos hace. Estas afirmaciones se oponen frontalmente a los puntos de vista teológicos que acabaron imponiéndose en los debates del comienzo del cristianismo sobre la corrección de las creencias; es decir, en los enfrentamientos teológicos de los siglos segundo y tercero, cuando los diversos grupos de cristianos mantenían cuerpos doctrinales diferentes y todos ellos insistían en que sus puntos de vista no sólo eran los correctos, sino también los de Jesús y sus seguidores más próximos.

Sabemos mucho de aquellos debates, y el Evangelio de Judas nos permite ver una de sus posiciones con mayor claridad; una de las que acabaron perdiendo. Cada parte esgrimía libros sagrados que respaldaban sus puntos de vista; todas insistían en que esos puntos de vista procedían directamente de Jesús, y de Dios a través de él. Pero sólo ganó una de las partes. Y fue la que decidió qué libros debían formar parte de las Escrituras y la que redactó la doctrina cristiana que ha llegado hasta el presente. Incluidas en esa doctrina hay afirmaciones teológicas que proclaman el triunfo del sector "ortodoxo". Veamos la introducción de una de los más conocidas de esas declaraciones:

Creo en Dios padre todopoderoso,
Creador del cielo y de la tierra,
De todo lo visible y lo invisible.

Esta declaración contrasta vivamente con la perspectiva expuesta en el Evangelio de Judas, donde no hay sólo un Dios, sino muchos dioses, y donde el creador de este mundo no es el Dios verdadero sino una deidad inferior, que no es el Padre de todos ni tampoco omnipotente. Ahora podemos examinar con más proximidad algunas de las enseñanzas fundamentales de este evangelio, sus puntos de vista sobre Dios, el mundo, Cristo, la salvación y los otros apóstoles que respaldan la doctrina que fue institucionalizada aunque nunca llegaron a entender la verdad

El Dios del Evangelio

En el comienzo del evangelio queda claro que el Dios de Jesús no es el dios creador de los judíos. En una de las primeras escenas Jesús encuentra a los discípulos reunidos "en actitud devota". En copto dice literalmente que los discípulos estaban "entregados a prácticas relacionadas con Dios". Estaban compartiendo una comida eucarística, en la que daban gracias a Dios por los alimentos. Sería de esperar que Jesús respetase ese acto religioso, pero en lugar de eso se ríe. Los discípulos no ven dónde está la gracia: "¿Por qué te ríes de nuestra oración de agradecimiento? Hemos hecho lo correcto". Jesús responde que ellos no saben en realidad lo que están haciendo: dando las gracias por sus alimentos están rezando a *su* dios; es decir, no al Dios de Jesús. Entonces los discípulos quedaron perplejos: "Maestro, tú eres... el hijo de nuestro dios". No; resulta que no lo es. Jesús les contesta que nadie de su "estirpe" sabrá quién es él en realidad.

Los discípulos no apreciaron aquella reprensión y "fueron presa del disgusto y la furia y en su interior comenzaron a blasfemar contra él". Entonces Jesús los reprende hablando otra vez de "vuestro dios, que está en vuestro interior". Se tratan varios asuntos clave que se repiten a lo largo de la narración: los discípulos de Jesús no saben quién es él en realidad; adoran a un Dios que no es el padre de Jesús; no entienden la verdad acerca de Dios. Judas, el único que de verdad entiende, dice que Jesús ha venido "del reino inmortal de Barbelo", es decir, del reino de los auténticos dioses inmortales, no del reino inferior del dios creador de los judíos.

Esta visión del dios creador como una deidad inferior se afirma con más claridad en el mito que Jesús explica en privado a Judas más adelante en el texto. Según escritores "protoortodoxos" como Ireneo (lo llamo "protoortodoxo" porque sus puntos de vista fueron llamados ortodoxos más tarde), sólo hay un Dios y es éste quien creó todo cuanto existe en el cielo y en la tierra. Pero no es así en este texto. La complejidad del mito que Jesús revela a Judas puede confundir, pero su contenido es claro. Antes incluso de la existencia del dios creador había gran cantidad de entidades divinas: setenta y dos eones, cada uno con una "luminaria" y cinco firmamentos celestiales (360 firmamentos en total), además de incontables ángeles que adoran a cada uno de ellos. Aún más: este mundo pertenece al reino de la "perdición", o, tomando otra posible traducción, de la "corrupción". No es la maravillosa cración del único Dios verdadero. Sólo cuando hubieron aparecido todas las otras deidades llegó a existir el Dios del Antiguo Testamento (llamado El), seguido por sus ayudantes, el sanguinario rebelde Yaldabaot y el tonto de Saclas. Estos dos crearon el mundo y luego a los humanos.

Cuando los discípulos adoran a "su Dios" es al rebelde y al tonto a quienes adoran, a los creadores de esta insensata y sangrienta existencia material. No adoran al Dios verdadero, el que está por encima de todos los demás, que es omnisciente, omnipotente, enteramente espiritual y completamente fuera de este transitorio mundo de dolor y sufrimiento creado por un rebelde y un tonto. No sorprende que Ireneo encontrara tan detestable este texto. Proclamaba transmitir el pensamiento de Jesús, pero sus puntos de vista eran una completa burla de las más estimadas creencias de Ireneo.

La perspectiva de Cristo

En todo este texto Jesús habla de los doce discípulos y "su Dios". Está claro que Jesús no pertenece al dios de este mundo; uno de sus propósitos, de hecho, es revelar la inferioridad y la bajeza moral de ese dios antes de volver al reino divino, el mundo perfecto del Espíritu, tras abandonar su cuerpo mortal.

Para este texto, pues, Jesús no es un ser humano normal. La primera indicación de ello es que "apareció" en la Tierra. Eso ya sugiere que venía de otro reino. Y como él pasa gran parte del evangelio revelando los "misterios secretos" del mundo inmortal de la divinidad verdadera, se asume naturalmente que ese otro reino es de donde procede.

Se hace una alusión a su carácter único en el siguiente comentario sobre él: "Muchas veces no se presentaba a sus discípulos en su propia figura, sino que aparecía entre ellos como un niño." Los eruditos familiarizados con la literatura paleocristiana no tendrán problemas para entender esta alusión. Algunos escritos cristianos no incluidos en el Nuevo Testamento presentan a Jesús como un ser "docético"; es decir, que es humano sólo en apariencia ("docético" viene del griego *dokeō?*, que significa "parecer" o "aparentar"). Como deidad, Jesús puede adoptar la forma que desee. En algunos escritos paleocristianos Jesús aparece como un viejo o un niño, ¡simultáneamente, a personas distintas! Eso podemos verlo, por ejemplo, en un libro no canónico titulado Hechos de Juan. Así ocurre también aquí: Jesús no tiene un cuerpo real de carne y hueso, sino que puede adoptar apariencias distintas a voluntad.

Pero ¿por qué aparecerse a los discípulos como un niño? Esa aparición ¿no menguaría su autoridad sobre ellos más que reforzarla? (Es sólo un niño. ¿Qué puede saber *él?*) Sin duda éste será un punto para el debate entre eruditos durante mucho tiempo. Verdaderamente parece que ser un niño no tiene aquí un significado negativo, sino positivo: los niños no están maleados por la cruda realidad de este mundo material ni corrompidos por su falsa sabiduría. Es más: ¿no dice la propia Biblia "por boca de chiquillos, de niños de pecho, cimentarás un baluarte"? (Salmo 8:3). El niño representa la pureza y la inocencia frente al mundo. Y sólo Cristo encarnó la pureza absoluta, y el conocimiento y la sabiduría que van más allá de las de un simple mortal. Ese conocimiento es, por supuesto, el asunto central del Evangelio de Judas. Es el conocimiento de los misterios secretos que sólo Jesús conoce y que sólo Judas merece oír. Jesús tiene ese conocimiento porque viene del "reino de Barbelo". Y al parecer es capaz de visitar ese reino a voluntad. Al día siguiente de su conversación con los discípulos, ellos quieren saber dónde había estado él desde entonces, y Jesús les responde: "Fui con otra estirpe grande y santa". Cuando le preguntan por esa "estirpe" él vuelve a reírse, esta vez no de su ignorante adoración al creador, sino de su falta de conocimiento del reino de la verdadera divinidad. Porque ningún simple mortal puede ir allí; es un reino que queda más allá de este mundo, el reino de la perfección y la verdad, el destino final de aquellos que lleven en sí un elemento de la divinidad y puedan escapar de las trampas de este mundo material. Sólo Jesús tiene conocimiento de ese reino, porque de allí vino y es allí adonde volverá.

Como hemos visto, Judas es el más íntimo seguidor de Jesús en este texto, no sólo porque es el único que merece la revelación de los misterios secretos del reino, sino también porque hace posible que Jesús vuelva allí de manera definitiva. Lo consigue entregándolo a las autoridades para su ejecución. Jesús sólo aparenta tener un cuerpo real de carne y hueso para su estancia aquí, en la Tierra y en forma humana. Necesita escapar de este mundo y volver a su morada celestial.

¿Cuál es, pues, el significado de la muerte de Jesús en este evangelio? Ireneo y otros escritores protoortodoxos basaron sus posturas en textos que luego acabaron constituyendo el Nuevo Testamento, como el Evangelio de Marcos y las Epístolas de Pablo, donde la muerte de Jesús era fundamental para la salvación: fue el pago por los pecados cometidos, para que los otros, los que habían pecado contra Dios, pudieran recuperar su buena relación con el Dios que creó este mundo y todo cuanto hay en él. No sucede lo mismo en el Evangelio de Judas. En este evangelio no hay necesidad de reconciliación con el creador de este mundo, que no es más que un rebelde sanguinario. Por el contrario, lo necesario es escapar de este mundo y de su creador. Eso sucede cuando uno abandona el cuerpo que pertenece al creador. La muerte de Jesús es su propia vía de escape. Y, cuando él muere, también nosotros podemos escapar.

Parecerá extraño a muchos lectores el momento en el que concluye el Evangelio de Judas, con la supuesta traición, pero ese final tiene mucho sentido a la luz de las ideas que ya hemos expuesto en este libro. La muerte de Jesús es un resultado inevitable, lo único que falta son los medios para llegar a ella, y Judas hace lo necesario para asegurar que esto suceda. Por eso "supera" a los otros.

No habrá resurrección. Ésa es quizá la clave de todo. En este libro Jesús no volverá de entre los muertos. ¿Por qué tendría que hacerlo? Todo el propósito de la salvación es *escapar* de este mundo material. La resurrección de un cadáver *devuelve a la persona al mundo* del creador. Como el objetivo es permitir que el alma deje este mundo y entre en "aquella grande y santa estirpe" (es decir, en el reino divino que hay más allá de este mundo), la resurrección del cuerpo es lo último que Jesús, o cualquiera de sus verdaderos seguidores, querría.

Ideas sobre la salvación

Ése es también, por supuesto, el objetivo de los verdaderos seguidores de Jesús. Este mundo y todas sus trampas deben ser dejados atrás. Y eso sólo puede suceder cuando el alma aprende la verdad sobre su origen y su destino, y entonces escapa de la prisión material de su cuerpo.

Esta enseñanza queda clara en una conversación entre Judas y Jesús, en la cual "esta" estirpe —es decir, la gente que hay sobre la Tierra— es comparada con "aquella" estirpe, el reino de los seres divinos. Algunas personas pertenecen a esta generación, otros a aquélla; sólo éstos podrán salvarse cuando mueran. Cuando los primeros, los de "esta" estirpe, mueren llegan al final de su historia. Como dice Jesús:

> Las almas de todas las estirpes humanas morirán. Pero cuando *aquellas* personas [es decir, los que pertenecen al reino celestial] han consumido su tiempo en el reino y el espíritu las abandona, sus cuerpos mueren, pero sus almas viven y son asumidas.

En esta perspectiva, los humanos son la parte material que envuelve el alma interior, que es la verdadera esencia de la persona. El espíritu es la fuerza que anima el cuerpo dándole vida. Cuando el espíritu abandona el cuerpo, éste muere y deja de existir. En el caso de los que pertenecen únicamente a este reino humano, el alma también muere. Como dice Jesús más adelante, "es imposible sembrar semillas en [roca] y recoger sus frutos". En otras palabras, sin una chispa de la divinidad interior no hay vida tras la muerte. Pero las almas de los que pertenecen al reino superior viven tras la muerte y son llevadas a su morada celestial. Esta idea se explica mejor cuando Jesús cuenta el mito del origen a Judas, que quiere saber: "¿Muere el espíritu humano?". Jesús le dice que hay dos clases de humanos: aquellos a cuyos cuerpos les ha sido dado transitoriamente un espíritu por el arcángel Miguel, "de manera que puedan rendir culto", y aquellos a quienes les fue dado un espíritu eterno por el arcángel Gabriel, que pertenecen a "la gran estirpe que no está sujeta a señor alguno". Estos últimos son los que albergan una chispa de la divinidad y quienes, tras su muerte, volverán al reino de donde proceden. El propio Judas, por supuesto, es uno de ellos. Los otros discípulos, por otra parte, parecen pertenecer a la primera categoría, los que en su ignorancia "rinden culto" pero que, después de su muerte, simplemente dejan de existir.

Ideas de los seguidores de Jesús

Uno de los aspectos más sorprendentes del Evangelio de Judas es su insistencia en que los doce discípulos de Jesús nunca entienden la verdad, quedan fuera del reino de los que se salvan y persiguen a Judas, sin darse cuenta de que sólo él conoce y entiende a Jesús y los secretos que él ha revelado. Es porque no conocen nada mejor, como hemos visto, por lo cual lapidan a Judas en una visión. Judas queda fuera de su número, y por eso Jesús le llama "el decimotercero". Aquí trece es el número de la suerte. Los doce discípulos son presentados como los que adoran al dios creador, por ejemplo en la escena de la eucaristía que comienza el relato. Ese retrato es incluso más gráfico en una escena posterior que está lamentablemente fragmentada, en la que los discípulos describen a Jesús una visión que han tenido de los sacrificios realizados en el templo de Jerusalén.

A muchos lectores les será familiar la historia del Nuevo Testamento sobre la llegada de Jesús con sus discípulos al templo una semana antes de su ejecución. Jesús crea un gran alboroto en el templo volcando las mesas de los cambistas y expulsando a los que venden animales para los sacrificios (Marcos 11:15.17). Los discípulos, por otra parte, son presentados como excesivamente impresionados por lo que acaban de ver, como galileos rurales de viaje a la gran ciudad por primera vez, e intimidados por la grandiosidad y las dimensiones del templo. En Marcos 13:1 exclaman: "Maestro, mira qué piedras y qué construcciones". El Evangelio de Judas presenta una versión diferente de esta escena. Aquí los discípulos hacen comentarios a Jesús no sobre el edificio del templo, sino sobre los sacrificios que se hacen en él. Ven un altar, sacerdotes, una multitud y cómo se celebran sacrificios, y se inquietan y quieren saber qué es todo aquello. Y resulta que se trata de ellos. Jesús les dice que los sacerdotes del altar que celebran los sacrificios "invocan mi nombre". En otras palabras, los responsables de aquel culto al Dios de los judíos creen que adoran al propio Jesús. Entonces nos enteramos de que lo que han percibido los discípulos es una visión simbólica, no de los auténticos sacrificios judíos en el templo, sino de su propias prácticas de culto. Jesús les dice:

> Aquellos a quienes habéis visto recibiendo las ofrendas en el altar, ésos sois vosotros. Ése es el dios a quien servís, y vosotros sois esos doce hombres que habéis visto. El ganado que habéis visto que llevaban al sacrificio son todas las personas a las que vosotros descarriasteis ...

En otras palabras, los discípulos que siguen practicando su religión como si el objeto de adoración supremo fuera el dios creador de los judíos, invocando el nombre de Jesús como respaldo de su culto, lo han entendido todo mal. Más que servir al Dios verdadero están blasfemando contra él. Y haciendo eso están descarriando a sus seguidores. Éste es un retrato condenatorio no sólo de los discípulos de Jesús, sino también de los cristianos protoortodoxos que vivieron en el tiempo en que se redactó el Evangelio de Judas. Por supuesto, los protoortodoxos no continuaron su culto en el templo judío. Ya había sido destruido y la gran mayoría de los protoortodoxos eran gentiles, no judíos. Pero ellos insistían en que el Dios al que adoraban era el Dios judío que dio a los judíos su ley y envió al Mesías judío al pueblo judío en cumplimiento de las Escrituras judías. Ellos pensaban en sí mismos como los "verdaderos judíos", el verdadero pueblo del único Dios verdadero. En este evangelio Jesús afirma que están completamente desencaminados. Sin duda adoran al Dios de los judíos, pero ese dios es un tonto atolondrado. Él creó este mundo, pero el mundo no es bueno: es un pozo negro de miseria y sufrimiento. El verdadero Dios nunca tuvo nada que ver con este mundo. Es preciso escapar de este mundo, no integrarse en él. Los cristianos protoortodoxos difunden una falsa religión. Sólo la religión enseñada secretamente por Jesús a su más íntimo seguidor, Judas, es definitivamente verdadera. Todo el resto es como mucho una imitación, un pernicioso error divulgado por los guías de las iglesias protoortodoxas.

El Evangelio de Judas
y el canon de las Escrituras

A la vista de sus ásperos ataques contra los guías de la iglesia protoortodoxa —antecesores de Ireneo y otros teólogos con ideas semejantes que desarrollaron el modo "ortodoxo" de entender a Dios, el mundo, a Cristo y la salvación— no sorprende que este Evangelio de Judas nunca tuviera ocasión de ser incluido en nuestro Nuevo Testamento. ¿De dónde sacamos nuestro Nuevo Testamento, con sus cuatro evangelios de Mateo, Marcos, Lucas y Juan, y por qué unos cuantos escritos cristianos llegaron a estar incluidos en el canon pero muchos otros (como el Evangelio de Judas) fueron excluidos?

El Nuevo Testamento consta de veintisiete libros que el victorioso sector ortodoxo aceptó como textos sagrados para transmitir la palabra de Dios a su gente. Cuando comenzó el cristianismo, con el propio Jesús histórico, ya había una colección de textos sagrados de referencia. Jesús era un judío que vivía en Palestina, y como todos los judíos palestinos aceptaba la autoridad de las Escrituras judías, especialmente los cinco primeros libros de lo que los cristianos llamaron Antiguo Testamento (Génesis, Éxodo, Levítico, Números y Deuteronomio), en ocasiones conocidos como Ley de Moisés. Jesús se presentó como un intérprete autorizado de aquellas Escrituras y era conocido entre sus seguidores como un gran rabino (maestro).

Después de la muerte de Jesús, sus seguidores continuaron respetando sus enseñanzas y comenzaron a adjudicarles una autoridad equiparable a la del propio Moisés. No sólo las enseñanzas de Jesús; también las de sus más próximos discípulos fueron vistas como autoridades, especialmente a medida que iban siendo transcritas en libros. Pero, con el paso de los años y las décadas, aparecieron más y más textos que pretendidamente habían sido escritos por los apóstoles. Tenemos más epístolas de Pablo, por ejemplo, que las trece incluidas en el Nuevo Testamento con su nombre, y ahora los especialistas están razonablemente seguros de que algunas de las incluidas en el Nuevo Testamento en realidad no fueron escritas por Pablo. De manera semejante, el Apocalipsis o Revelación de Juan aparece en el Nuevo Testamento, pero otros Apocalipsis quedaron fuera; por ejemplo uno de Pedro y otro de Pablo. Había muchos evangelios. Los cuatro del Nuevo Testamento son anónimos: hasta el siglo segundo no se los comenzó a llamar con los nombres de dos discípulos de Jesús (Mateo y Juan) y de dos compañeros de los apóstoles (Marcos, compañero de Pedro, y Lucas, compañero de Pablo). Aparecieron otros evangelios también supuestamente escritos por los apóstoles. Además de nuestro recién descubierto Evangelio de Judas, tenemos otros supuestamente escritos por Felipe y por Pedro, dos diferentes por el hermano de Jesús, Judas Tomás, uno de María Magdalena, y otros.

Todos estos evangelios (y epístolas, apocalipsis, etc.) tenían conexión con los apóstoles, todos ellos pretendían exponer las verdaderas enseñanzas de Jesús, y todos ellos eran reverenciados —por uno u otro de los grupos cristianos— como sagradas escrituras. Con el paso del tiempo comenzaron a aparecer más y más. Dados los enormes debates que se estaban entablando por la interpretación correcta de la religión, ¿cómo podía la gente saber qué libros debía aceptar? Resumiendo, uno de los grupos competidores en el cristianismo consiguió prevalecer sobre los otros. Aquel grupo ganó más adeptos que sus oponentes y llegó a relegar a sus competidores a una posición marginal. El grupo decidió cómo debía ser la estructura organizativa de la Iglesia. Decidió qué doctrina aprenderían los cristianos. Y decidió qué libros serían aceptados como Escrituras. Ése era el grupo al que pertenecía Ireneo, como otras figuras bien conocidas por los estudiosos del cristianismo de los siglos segundo y tercero, por ejemplo Justino Mártir y Tertuliano. Este grupo se convirtió en "ortodoxo", y una vez sellada su victoria sobre sus oponentes, reescribió la historia del compromiso, proclamando que ésa había sido siempre la opinión mayoritaria de la cristiandad, que su perspectiva siempre había sido la de las iglesias apostólicas y los apóstoles, y que sus doctrinas estaban arraigadas directamente en las enseñanzas de Jesús. Los libros que aceptaron como Escrituras eran la prueba, porque Mateo, Marcos, Lucas y Juan cuentan todos ellos la historia como los protoortodoxos se habían acostumbrado a oírla. ¿Qué ocurrió con los demás libros, los que contaban una versión diferente de la historia y por ello quedaron fuera del canon protoortodoxo? Algunos de ellos fueron destruidos, pero la mayoría simplemente se perdieron o se desintegraron con el paso del tiempo. Rara vez los copiaban, si es que lo hacían, porque sus ideas habían sido calificadas de heréticas. Sólo en pequeños grupos marginales de la cristiandad —un grupo gnóstico aquí, un grupo de cristianos judíos allá...— se mantuvieron vivos aquellos textos.

Los rumores sobre su existencia siguieron circulando, pero nadie fue suficientemente sagaz para guardarlos para la posteridad. ¿Por qué sería? Contenían mentiras y simplemente habrían apartado a la gente del camino. Mejor dejarlos morir de manera ignominiosa. Y eso fue lo que hicieron. Unos pocos fueron recopiados cuando estuvieron demasiado deteriorados, pero con el tiempo incluso aquellas copias aisladas desaparecieron. Hasta los tiempos modernos, cuando en raras ocasiones aparece alguno para enseñarnos de nuevo que la idea ortodoxa de la religión no era la única en el segundo siglo de la cristiandad. De hecho, había una floreciente oposición a esas ideas, una oposición representada, por ejemplo, por la joya recientemente descubierta: el Evangelio de Judas. He aquí un libro que da la vuelta a la teología del cristianismo tradicional e invierte todo lo que habíamos creído sobre la naturaleza del verdadero cristianismo. En este libro la verdad no es expuesta por los otros discípulos de Jesús y sus sucesores protoortodoxos. Aquellos guías del cristianismo eran ciegos a la verdad, que fue transmitida sólo en revelaciones secretas al único discípulo al que todos coincidieron en despreciar: Judas Iscariote, el traidor.

Sólo Judas, según esta perspectiva perdida hasta hoy, sabía la verdad sobre Jesús. Jesús no vino del creador de este mundo y ciertamente no era su hijo. Vino del reino de Barbelo para revelar los misterios secretos que podían llevarnos a la salvación. No fue su muerte lo que trajo esa salvación. Su muerte simplemente lo liberó de este perverso mundo material. Este mundo es un pozo negro de dolor, miseria y sufrimiento, y nuestra única esperanza de salvación es escapar de él. Y algunos de nosotros lo haremos. Algunos de nosotros albergamos una chispa de divinidad, y cuando muramos escaparemos de la prisión de nuestro cuerpo y volveremos a nuestra morada celestial, el divino reino de donde procedemos y adonde volveremos, para vivir eternamente nuestras gloriosas y elevadas vidas.

IRENEO DE LYON Y EL EVANGELIO DE JUDAS

Gregor Wurst

El Códice Tchacos, un antiguo libro en papiro procedente de Egipto, contenía en su origen al menos cuatro textos gnósticos redactados en el dialecto copto sahídico, una antigua lengua de Egipto. El primero de ellos es una copia mal conservada de la Carta de Pedro a Felipe, un texto ya conocido por el famoso descubrimiento de Nag Hammadi, en Egipto en 1945. El segundo es una copia mucho mejor conservada de un texto titulado "Santiago", con un contenido semejante a la llamada Primera revelación de Santiago, también encontrada en la biblioteca de Nag Hammadi. El tercero es el Evangelio de Judas, publicado aquí por primera vez en traducción al español. Finalmente, sólo sobrevivieron algunas partes de la introducción del cuarto texto, que ha sido llamado Libro de Alógenes por el equipo de editores del códice. La lengua copta usada en el códice no es la original de estos cuatro textos. En general se acepta que son traducciones de un original griego, como los textos de Nag Hammadi. En el caso del Evangelio de Judas, su nombre aparece en la literatura paleocristiana, y en este ensayo se investiga una posible conexión entre esas referencias antiguas y el texto recién descubierto. El resultado puede ayudarnos a datar el original griego del Evangelio de Judas.

PRIMEROS TESTIMONIOS: IRENEO Y PSEUDO-TERTULIANO

La primera noticia de la existencia de un Evangelio de Judas procede de Ireneo de Lyon, quien lo menciona en su conocida obra *Desenmascaramiento y refutación del falso conocimiento*, conocida comúnmente como *Contra las herejías*. Aunque el original fue escrito en griego hacia 180, sólo conocemos este libro por su traducción al latín del siglo IV, además de por algunos fragmentos en griego citados por autores cristianos posteriores que trataron el problema de las herejías. En apéndices a esta refutación de los "gnósticos" y "otros" creyentes gnósticos, llamados "ofitas" (hombres de la serpiente) en la tradición cristiana posterior, Ireneo dirige su atención a lo que él considera como otros subgrupos de aquellos gnósticos. Resume algunas de sus enseñanzas de esta manera:

> Otros dicen que Caín provino de la Potestad Suprema, y alaban a Esaú, a Coré y a los sodomitas, proclamándose congéneres de personajes por el estilo. Éstos fueron atacados por el creador, pero ninguno recibió daño alguno, pues Sabiduría arrebataba de ellos el elemento que le pertenecía, guardándolo consigo. Sostienen que

Judas el traidor conocía con precisión estas cosas, siendo el único entre los apóstoles en poseer esta gnosis. Por esto obró el misterio de la traición, por el cual fueron disueltas todas las realidades terrenas y celestiales. Y aducen una falsificación, adjudicándole el título de Evangelio de Judas.»

Según Ireneo, este grupo de gnósticos aboga por una revisión de las ideas de judíos y cristianos ortodoxos sobre la salvación divina. Personajes de las Escrituras judías como Esaú, Coré y los sodomitas —vistos por la tradición ortodoxa como inmorales y sublevados contra la voluntad de Dios— son considerados aquí como los siervos del único Dios verdadero, la "potencia absoluta superior". Esa potencia, representada por la imagen gnóstica de Sofía, no debe ser identificada con el dios creador de la tradición judeo-cristiana, llamado aquí "su hacedor".

Incluso el personaje más perverso del Nuevo Testamento, Judas Iscariote, el discípulo que traicionó a Jesús y lo entregó a las autoridades, queda incluido en la revisión. Esta gente lo ve como el único discípulo —"de todos los apóstoles", según la cita en griego de este pasaje que hace el autor del siglo v Teodoreto de Ciro— que tenía conocimiento de "estas cosas". En consecuencia, su acción se presenta como un "misterio" que conduce a la extinción de todas las cosas terrenas y celestiales, es decir, de toda la obra del "hacedor" o señor de este mundo.

Desde el comienzo del siglo tercero este grupo de gnósticos fueron llamados "los cainitas" (seguidores de Caín) por autores como Clemente de Alejandría.

Pero la mayoría de aquellos autores cristianos más modernos fueron a remolque del discurso de Ireneo. Sólo el libro anónimo en latín del siglo tercero *Contra todas las herejías*, erróneamente atribuido al antiguo autor cristiano Tertuliano, y el relato del obispo griego defensor de la ortodoxia en el siglo IV Epifanio de Salamis aportan información adicional y más detallada sobre la visión alternativa de la traición de Judas en este grupo, presumiblemente remitiendo a un libro de Hipólito de Roma contra las herejías, ya perdido. En el capítulo 2 de su obra, Pseudo-Tertuliano caracteriza las enseñanzas de los cainitas:

> Y es más: otra herejía ha hecho aparición, que es la que se llama de los cainitas. Y la razón es que ellos glorifican a Caín como si hubiese sido concebido por alguna poderosa virtud que operase en él; porque Abel fue engendrado después de ser concebido por una virtud inferior, y de acuerdo con ello fue inferior. Aquellos que afirman esto igualmente defienden al traidor Judas, y nos dicen que es grande y admirable por los beneficios que proclaman que reportó a la Humanidad; porque algunos de ellos creen que hay que dar gracias a Judas por esto: Judas, dicen, advirtiendo que Cristo quería subvertir la verdad, lo traicionó para que así no hubiera posibilidad de que la verdad fuese subvertida. Y por eso otros se vuelven contra ellos y discuten: como las potencias de este mundo no deseaban el sufrimiento de Cristo, para evitar que con su muerte se abriera el camino de la salvación para la Humanidad, él, tomando en consideración la salvación de la Humanidad, traicionó a Cristo, para que no hubiera posibilidad alguna de

impedir la salvación, que estaba siendo obstaculizada por las virtudes que eran contrarias a la pasión de Cristo; y así, por la pasión de Cristo, no hay posibilidad de que la salvación de la Humanidad sea aplazada.

Según este texto, los cainitas hacían dos interpretaciones de la acción de Judas. Por una parte, se dice que mantenían la opinión de que se evitó que Jesús "subvirtiera la verdad" con la traición, un punto de vista que sigue siendo muy poco claro para nosotros y puede ser considerado como una típica distorsión de un autor cristiano ortodoxo que veía esta opinión sobre la acción de Judas como blasfema. Según la otra interpretación, Cristo fue entregado para su ejecución para hacer posible la salvación de la Humanidad, que las "potencias de este mundo", es decir, las fuerzas inferiores del demiurgo, querían impedir. Esta afirmación es semejante a la que hace Ireneo acerca del "misterio de la traición" que conduce a la extinción de la obra de las potencias inferiores. Pero es importante destacar que Pseudo-Tertuliano nunca menciona el Evangelio de Judas.

Su discusión se limita a lo que él creía que eran las enseñanzas de los cainitas. Eso plantea la cuestión de si debemos o no considerar el Evangelio de Judas, mencionado por Ireneo, como una obra de los cainitas que expone esa revisión de la salvación. Si es así, la identificación del Evangelio de Judas de Ireneo con el del Códice Tchacos es difícil, porque en el texto recién descubierto no se hace mención a Caín ni a otros antihéroes de las Escrituras judías citadas por Ireneo. En consecuencia, tendríamos que suponer la existencia de más de un Evangelio de Judas en circulación entre las comunidades gnósticas de la Antigüedad.

Contenido histórico del relato de Ireneo

Un análisis minucioso del relato de Ireneo muestra que él no incluyó el Evangelio de Judas en los escritos originados entre los "otros" gnósticos. Ireneo seguramente conocía textos procedentes de ese círculo, como asegura en la frase que sigue a la cita anterior: "también he recopilado sus escritos". Pero en relación al Evangelio de Judas sólo dice que aquella gente "presenta" o "cita" un "libro de su invención" con ese título para respaldar sus ideas. Esta afirmación sólo implica que sus oponentes remitían a un Evangelio de Judas para defender su concepto del traidor como alguien dotado de un conocimiento especial y destinado a desempeñar un papel importante en la idea de la salvación divina que ellos tenían; no implica necesariamente que el evangelio incluyera además toda su perspectiva de la salvación. Si eso es correcto, es muy dudoso que Ireneo verdaderamente conociese el texto del evangelio al que se refieren sus adversarios. Por el contrario, a diferencia de los textos cainitas que él mismo recopiló, parece que conocía el Evangelio de Judas sólo por referencias. Por eso no podemos asegurar para qué parte de sus enseñanzas citaban los gnósticos el Evangelio de Judas como autoridad, con excepción de lo que ellos llamaban "el misterio de la traición".

Lo que se puede sacar en claro del relato de Ireneo es que los cainitas leían un Evangelio de Judas y remitían a él en respaldo de su visión del acto de traición de Judas como un misterio. Eso implica que Judas fuera presentado en ese evangelio como el discípulo de Jesús "al tanto de la verdad como ningún otro", y que el acto de traición fuera interpretado, en los términos de la visión gnóstica de la historia de la salvación, como una parte de "la extinción de todas las cosas, terrenas y celestiales".

Comparación del Evangelio de Judas copto con el relato de Ireneo

Estas dos ideas se encuentran en todo el nuevo Evangelio de Judas copto. Desde el principio Judas Iscariote es presentado como un discípulo con un conocimiento especial de la verdadera identidad de Jesús. Aparece por primera vez en la página 35, donde es presentado como el único discípulo capaz de dejar que su personalidad espiritual interior se manifieste ante Jesús. En la misma escena Judas admite saber quién es en realidad Jesús y de dónde viene: "Sé quién eres y de dónde vienes. Tú perteneces al reino inmortal de Barbelo. Y yo no soy digno de pronunciar el nombre de quien te ha enviado". Y como Jesús sabe que Judas también está pensando en "otras cosas elevadas", lo incita a apartarse de los discípulos y lo ve como el único que merece ser iniciado en los "misterios del reino" (Evangelio de Judas 35, 45).

Más tarde Judas es apartado por Jesús para "aquella estirpe", es decir, la descendencia de Set, los verdaderos gnósticos, y por ello llegará a estar por encima de los otros discípulos (46). Sólo a Judas le es revelado por Jesús el conocimiento del "reino grandioso e ilimitado, cuya extensión no ha sido vista por generación alguna de ángeles, [en el cual] hay [un] grandioso e invisible [Espíritu] nunca visto por los ojos de ángel alguno, nunca abarcado por la percepción del corazón, y nunca llamado con nombre alguno" (47). Lo que sigue es la narración de todo el mito cosmogónico, que acaba con la creación de la Humanidad por los dioses inferiores (52–53). Todo esto concuerda perfectamente con la afirmación de Ireneo de que el Judas del Evangelio de Judas está realmente "al tanto de la verdad" como ningún otro discípulo de Jesús. Nuestro nuevo texto copto lo presenta de hecho como el único a quien "se le ha dicho todo" (57). Al final Judas *es* el perfecto gnóstico, digno de ser en cierto sentido "transfigurado" ascendiendo en una nube luminosa, donde accederá a su visión de la divinidad.

En cuanto al lugar de Judas y su traición en la historia de la salvación, nuestro nuevo texto copto lamentablemente no es tan claro. Eso se debe principalmente al grave deterioro de la parte superior de las últimas páginas. En las páginas 55 a 57 podemos identificar alguna clase de profecía de labios de Jesús sobre la acción de Judas, pero varias de las frases más importantes están incompletas. El texto dice:

Pero tú los superarás a todos, porque tú sacrificarás el cuerpo en el que vivo. Tu trompeta ya se ha alzado, tu cólera se ha encendido, tu estrella ha mostrado su fulgor, y tu corazón se ha [vuelto fuerte]. En verdad [...] tu último [...] se vuelve [—*faltan dos líneas y media aproximadamente*—] llorar [—faltan dos líneas aproximadamente—] al gobernante, ya que será destruido. Y en-

tonces la imagen de la gran estirpe de Adán será enaltecida, porque antes que el cielo, la Tierra y los ángeles,
esa estirpe, que viene del reino eterno, ya existía. Mira,
ya se te ha dicho todo. (56–57)

Éste es claramente un lenguaje profético. Jesús dice a
Judas que tendrá que desempeñar su función en la historia de la salvación, como hizo antes en el texto cuando anunció que Judas sería reemplazado por algún
otro y maldecido por los demás discípulos (36, 46). La
tarea de Judas es sacrificar el cuerpo de Jesús. No se ha
conservado cuál es el motivo, aunque podemos suponer que mediante ese sacrificio el espíritu interior de
Jesús será liberado. Pero eso no puede explicar toda la
historia, porque, después de una laguna de unas seis líneas, el texto afirma que alguien (o algo) "será destruido" y que "la imagen de la gran estirpe de Adán"
será enaltecida. En la página 55 Jesús aclara qué es lo
que será destruido: se trata del "error de las estrellas"
que vagan con sus "cinco combatientes" y afirma que
todos "serán destruidos junto con sus criaturas". Así
que no sólo este mundo ("sus criaturas") será destruido, sino también las potencias celestiales que gobiernan este mundo (las "estrellas" y los "combatientes").
Al final la "gran estirpe de Adán", es decir, la generación anterior a la de Set, será salvada. Todo esto queda incluido también en la declaración de Jesús de que
a Judas "se le ha dicho todo".

Es importante destacar que nuestro texto recién descubierto menciona la destrucción de las realidades celestial (las "estrellas" y los "combatientes") y terrena
("sus criaturas") en el contexto del acto de traición de

Judas. Incluso con la pérdida de una parte sustancial del texto de este pasaje de nuestro nuevo evangelio, podemos encontrar un paralelismo cercano con la afirmación de Ireneo de que con la acción de Judas "todas las cosas, terrenas y celestiales, marcharon hacia su extinción". Dado que el Evangelio de Judas que discute Ireneo seguramente no es obra de su grupo de adversarios, y dado además que él no parece tener conocimiento directo del texto sino que habla por referencias, parece justificada una conexión entre el nuevo texto copto del Códice Tchacos y el Evangelio de Judas conocido por el relato de Ireneo. Hemos visto que en el texto copto Judas es presentado como el único discípulo de Jesús con el conocimiento total, y también encontramos en el texto puntos paralelos con la afirmación de Ireneo de que "todas las cosas, terrenas y celestiales, marcharon hacia su extinción". Sobre esa base, y puesto que no tenemos fundamento para suponer que en la Antigüedad circularan más evengelios de Judas, podemos decir con seguridad que el Evangelio de Judas mencionado por Ireneo es idéntico al Evangelio de Judas copto recién descubierto. En consecuencia, podemos fijar una fecha antes de la cual el original griego ya había sido escrito: el Evangelio de Judas fue redactado antes de 180, cuando Ireneo comentó que algunos de sus adversarios lo habían citado como respaldo de sus enseñanzas.

La siguiente cuestión es *cuánto tiempo antes* de esa fecha fue redactado el Evangelio de Judas. Eso es muy difícil de establecer, porque no sabemos quién fue su autor ni tenemos información histórica precisa sobre la secta cristiana de la cual nació. Pero hay algo que sí se puede afirmar con certeza: que el Evangelio de Judas se refiere a los Hechos de los Apóstoles del Nuevo Testamento. En la página 36 Jesús dice a Judas: "Porque algún otro te reemplazará, para que los doce [discípulos] puedan volver a cumplir con su dios", una alusión clara a la elección de Matías para sustituir a Judas en el círculo de los doce discípulos (Hechos 1:15–26). Como el libro de los Hechos de los Apóstoles generalmente es datado hacia 90–100 por los eruditos del Nuevo Testamento, el Evangelio de Judas debe provenir del siglo segundo. En consecuencia, no podemos hallar aquí información histórica sobre Judas Iscariote más exacta que la que encontramos en los evangelios canónicos.

FECHA DEL CÓDICE TCHACOS

Al no disponer del texto original en griego del Evangelio de Judas, tenemos que intentar determinar la fecha de la copia de su traducción al copto incluida en el Códice Tchacos. Como el códice no fue encontrado por arqueólogos en una excavación científica, en cuyo caso se podría establecer su fecha con bastante certeza, sólo podemos aplicar el método tradicional de comparar su planteamiento y el tipo de escritura con los de otros códices en papiro con fecha conocida, como los de la biblioteca de Nag Hammadi. Eso nos da una fecha hacia la primera mitad del siglo IV, pero datar manuscritos mediante este método es un trabajo delicado y el grado de incertidumbre sigue siendo alto. Una datación por carbono 14 hecha por A. J. Timothy Jull en la Universidad de Arizona dio una fecha de alrededor del último cuarto del siglo tercero (con un margen de unas pocas décadas). Esa datación se puede confirmar por el análisis de los trozos de papiro (llamados cartonaje) utilizados en la encuadernación para el lomo del códice, porque esos trozos —por ejemplo, recibos de impuestos u otros documentos legales— suelen llevar fecha. Pero esos trozos de papiro están aún pendientes de restauración.

CONCLUSIÓN

Si esta identificación del Evangelio de Judas encontrado en el Códice Tchacos con el evangelio mencionado por Ireneo resulta convincente, será un paso importante para el estudio del antiguo gnosticismo. La mayoría de los textos coptos de la biblioteca de Nag Hammadi son enormemente difíciles de datar. Incluso en el caso del Libro secreto de Juan, un texto que se encuentra en diferentes versiones en cuatro manuscritos coptos y citado en un comentario de Ireneo, el orden cronológico de las versiones dista mucho de estar establecido. Pero si el Evangelio de Judas publicado aquí es el de Ireneo, tendríamos por primera vez la oportunidad de seguir la historia del gnosticismo sético hasta antes de la época de Ireneo. En el caso de este evangelio, no tenemos razón alguna para suponer una complicada historia de ediciones, porque no tiene señales de haber sido modificado después. Eso no quiere decir que no se hiciesen alteraciones del texto durante la copia. Pero no hay indicios de que alguna parte, como la revelación de la cosmogonía (Evangelio de Judas 47–53), fuera escrita en un añadido posterior. Obviamente, esta forma de crítica literaria destruiría el texto original. La importante conclusión de todo esto es que, si el texto es identificado como una traducción al copto del original en griego mencionado por Ireneo, entonces esta versión de la cosmogonía sética es anterior a 180. Así, este texto posiblemente podría aportar la prueba histórica de que el gnosticismo sético es un movimiento anterior a Ireneo. Eso sería un avance considerable en nuestro conocimiento del cristianismo primitivo.

Judas y la conexión gnóstica

Marvin Meyer

Ireneo de Lyon, en *Contra las herejías*, afirma que fueron los defensores de Caín, el hermano perverso de Abel, quienes redactaron el Evangelio de Judas. La secta, conocida como "los cainitas", fue acusada por Ireneo y otros partidarios del dogma de ser defensores de algunos de los personajes con peor reputación de la literatura bíblica, incluyendo a Caín, Esaú, Coré, los sodomitas... y Judas Iscariote. Aparte de esas acusaciones, no hay evidencias históricas de que algún grupo del comienzo del cristianismo se autodenominara "cainitas"; ese nombre parece ser un apodo inventado por los perseguidores de herejes. Tampoco se hace referencia alguna a Caín en las páginas que se conservan del Evangelio de Judas, aunque en teoría el nombre podría haber quedado oculto por una laguna.

Con todo, puede haber un elemento de verdad en lo que decía Ireneo. Se menciona a Caín en textos de la biblioteca de Nag Hammadi, incluidos el Libro secreto de

Juan, el de la Naturaleza de los Señores y el Libro sagrado del gran Espíritu invisible (el Evangelio egipcio), y en dos de ellos, el Libro secreto y el Libro sagrado, hay pasajes en los que aparece Caín como señor angélico del mundo. Aparte de la referencia explícita a Caín, estos libros son muy semejantes a una parte del Evangelio de Judas (51–52). El Libro sagrado también elogia a la gente de Sodoma y Gomorra por su discernimiento, como a rebeldes con causa. Estos textos que mencionan a Caín también están relacionados con el Evangelio de Judas en otros aspectos.

En su *Panarion*, o "Botiquín" para cada enfermedad herética, otro perseguidor de herejes, Epifanio de Salamis, asocia a los defensores de Caín y escritores del Evangelio de Judas con la gente que él llama "supuestos gnósticos", *gnōstikoi*, una palabra griega que significa "conocedores" o "personas con conocimiento". Aunque algunos eruditos critican la palabra *gnóstico* por ser un cajón de sastre demasiado general aplicable a muchas clases diferentes de creencias, Ireneo dice que verdaderamente algunos grupos religiosos se referían a sí mismos como "gnósticos". El conocimiento del que hablan esos grupos no es conocimiento terrenal, sino conocimiento místico, conocimiento de Dios, de uno mismo y de la relación entre Dios y uno mismo. En el Evangelio de Judas la palabra *gnosis* se utiliza dos veces (50, 54), y la segunda vez el texto habla de "conocimiento [otorgado] a Adán y a los que con él estaban, de manera que los señores del caos y del mundo inferior no pudieran ejercer su poder sobre ellos".

Ese pasaje sugiere que el conocimiento otorgado a Adán y a los descendientes de Adán, la raza humana, confiere protección y salvación de las potencias de este mundo. Como también apunta en su ensayo Bart Ehrman, el Evangelio de Judas y el propio Jesús en este evangelio anuncian la salvación mediante el conocimiento, el autoconocimiento de la luz divina interior.

Los gnósticos refutados por Ireneo y otros constituían una gran escuela de pensamiento religioso místico en toda la Antigüedad. Los eruditos de hoy suelen referirse a los estudiantes de aquella escuela de pensamiento como los gnósticos séticos, y cuando aquí hablamos de gnósticos de manera más general ampliamos el uso del término para incluir los grupos relacionados con los gnósticos séticos. Los textos de Nag Hammadi destacados por su interés en Caín pertenecen todos a la escuela gnóstica sética, con el Libro secreto de Juan como texto clásico del pensamiento sético. El Evangelio de Judas también se incluye en esa escuela y representa una forma temprana de pensamiento sético cristiano.

La confesión central de Judas Iscariote, el protagonista del Evangelio de Judas, encuadra este evangelio en la tradición gnóstica sética. En este evangelio los otros discípulos no entienden quién es Jesús y aseguran que es el hijo de su Dios, el Dios de este mundo, pero Judas le dice a Jesús:

> Sé quién eres y de dónde vienes. Tú perteneces al reino inmortal de Barbelo. Y yo no soy digno de pronunciar el nombre de quien te ha enviado. (Evangelio de Judas 35).

La frase "el reino [o eón] inmortal de Barbelo" es frecuente en los textos séticos. Se refiere al reino superior de la divinidad más allá de este mundo, y está asociada con la figura divina de Barbelo, un personaje destacado de los textos séticos, donde asume el papel de nuestra Madre en los cielos.

El origen de Barbelo y de su nombre continúa sin estar aclarado, pero podría venir del inefable nombre de cuatro letras de Dios YHVH o Yahvé usado en las Escrituras judías y en el judaísmo. La palabra hebrea para "cuatro", *arba*, puede designar el nombre sagrado, y el nombre de Arbelo puede estar derivado del hebreo mediante una expresión como "Dios (v. *El*) en (*b-*) cuatro (*arb*(*a*))", es decir, Dios tal como se lo conoce por el nombre inefable.

En el Evangelio de Judas que se conserva, la figura de Barbelo no crece hasta convertirse en personaje de un drama mítico como en otros textos séticos, y la identidad concreta de Barbelo se mantiene incierta. Ni siquiera está claro que ella sea la Madre divina; ni se menciona a Barbelo, más avanzado el texto (47), en el relato de la aparición de Autógenes, el autogenerado. Sólo se habla de Barbelo una vez en el Evangelio de Judas, lo hace el propio Judas y su afirmación de la inefabilidad del nombre divino recuerda la santidad del nombre de Dios en la tradición judía. Judas declara que Jesús procede de la divinidad, y él no toma el nombre de la divinidad en vano.

Sea cual fuere el significado preciso del nombre, Barbelo se convierte en el origen divino de la luz y la vida y la fuente —a menudo la Madre— del Niño divino en los textos séticos. Si Jesús, como Judas declara en el Evangelio de Judas, procede del reino inmortal de Barbelo, también él es una deidad del reino celestial.

John Turner, un erudito especializado en el estudio de los séticos, ofrece un útil resumen de las figuras más relevantes en la cosmogonía del pensamiento sético:

Muchos libros séticos sitúan en la cúspide de la jerarquía una tríada suprema de Padre, Madre e Hijo. Los miembros de esa tríada son el Espíritu invisible, Barbelo y el divino Autógenes. El Espíritu invisible parece quedar más allá incluso del reino de su propio ser, que en propiedad comienza con Barbelo como su propio reflejo proyectado. El Niño es autogenerado (*autogenēs*) a partir de Barbelo, espontáneamente o por una centella de la luz del Padre, y es responsable de la ordenación del resto del reino del más allá, que está estructurado alrededor de las cuatro Luminarias y sus eones asociados. El reino del devenir inferior a este comúnmente tiene su origen en el intento de Sofía de dar cuerpo a su propia contemplación del Espíritu invisible por sí misma y sin su consentimiento; en muchos relatos este acto da lugar a su deforme descendiente, el Arconte como hacedor del mundo fenoménico.

Los textos séticos a menudo representan el mundo en el que vivimos con rasgos tomados de su interpretación de Adán y Eva, que son utilizados para contar una historia extraordinaria y revolucionaria. El creador de este mundo, según los séticos, es en realidad un demiurgo megalómano, pero los seres humanos son elevados por encima del creador y de sus potencias en virtud de la chispa de divinidad que albergan. Si las personas llegan a conocer su verdadero yo divino serán capaces de escapar de las garras de las potencias de este mundo y alcanzar la paz de la iluminación.

En el Evangelio de Judas Jesús revela a Judas lo que él y los lectores del texto deben saber para llegar a la correcta comprensión de quién es Jesús y qué vida nos trae, en el mundo y en el más allá. Al mismo tiempo, la perspectiva sética del Evangelio de Judas es representativa del pensamiento sético primitivo, y los asuntos séticos del evangelio no están enteramente desarrollados. El Evangelio de Judas, yo creo, podría así ofrecernos una perspectiva de los cristianos séticos durante el proceso de desarrollo de su versión de la buena nueva de Jesús.

EL GRAN UNO, BARBELO Y AUTÓGENES EL AUTOGENERADO

El Evangelio de Judas proclama su mensaje cósmico sobre la divinidad y la naturaleza de la divinidad de una manera típicamente sética. Se menciona a Barbelo, así como al Padre y a Autógenes el Autogenerado. El Padre u Origen de Todo es identificado como el "gran [Espíritu] invisible" en un pasaje de las páginas supervivientes del Evangelio de Judas (47). Igual que en muchos textos séticos, también es descrito en otros lugares del Evangelio de Judas como el Espíritu, y como "el Gran Uno" (53). Parece que sería poco apropiado hablar del Grandioso como "Dios" en el Evangelio de Judas; ese término parece reservado para potencias inferiores del universo y para el creador de este mundo, para "todos aquellos llamados 'Dios'" (48). En el Evangelio de Judas el Grandioso parece quedar más allá del término finito *God*. La misma consideración teológica se hace en el Libro secreto de Juan:

> El Uno es un soberano que nada tiene por encima de él. Es Dios y Origen, Padre de Todo, el invisible que está por encima de todas las cosas, que es incorruptible, que es luz pura que ningún ojo puede ver. El Uno es el Espíritu invisible. No debemos pensar en él como un Dios ni como semejante a un Dios. Porque es más grande que un Dios, porque nada hay que quede por encima de él ni hay señor alguno sobre él. No [existe] en el seno de algo inferior [a él, pues todo] existe en su seno, [porque se generó] a sí mismo. (Biblioteca de Nag Hammadi, Códice II. 2–3).

La trascendencia del Gran Uno es remarcada en el Evangelio de Judas. Cuando Jesús revela a Judas los secretos del universo, para describir la divinidad utiliza frases que recuerdan el lenguaje de 1 Corintios 2:9, Evangelio de Tomás 17, Plegaria del apóstol Pablo de la biblioteca de Nag Hammadi, y otros textos. Jesús dice:

> [Ven], que puedo enseñarte [secretos] que nadie [ha] visto. Porque existe un reino grandioso e ilimitado, cuya extensión no ha sido vista por generación alguna de ángeles, [en el cual] hay [un] grande e invisible [Espíritu],
>
> *nunca visto por los ojos de ángel alguno,*
> *nunca abarcado por la percepción del corazón,*
> *y nunca llamado con nombre alguno.*(47)

Otros textos séticos, especialmente el Libro secreto de Juan y Alógenes el extranjero, presentan descripciones más completas de la trascendencia de la divinidad. En el Libro secreto de Juan, el que hace la revelación dice:

> El Uno es
> ilimitable, pues nada hay ante él para limitarlo;
> impenetrable, pues nada hay ante él para penetrarlo;
> inconmensurable, pues nada había ante él para medirlo;
> invisible, pues nada lo ha visto;
> eterno, pues existe eternamente;
> inexpresable, pues nada puede concebirlo para expresarlo;
> innombrable, pues nada hay ante él para darle un nombre.
>
> El Uno es la luz inconmensurable, pura, santa, inmaculada.
> Es inexpresable, y es perfecto en la incorruptibilidad.
> No es que sea sólo perfección, o gloria, o divinidad: es mucho más grande.
>
> El Uno no es corpóreo ni es incorpóreo.
> El Uno no es grande ni es pequeño.
> Es imposible decir
> ¿cuánto és?
> ¿de qué [clase es]?
> Porque nadie puede entenderlo. (II:3)

Esta descripción nos recuerda otra vez las palabras de Judas a Jesús hacia el final del Evangelio de Judas: "No soy digno de pronunciar el nombre de quien te ha enviado." (35)

De Autógenes el Autogenerado se habla en el Evangelio de Judas 47–50 cuando Jesús revela la gloriosa manera en que la divinidad se extiende a sí misma y alcanza su entera expresión. El gran Uno, el gran Espíritu invisible, trasciende todos los aspectos de este mundo inferior de mortalidad, así que alguna manifestación de la divinidad debe ser causa de la creación y salvación del mundo. Esa manifestación es Autógenes el Autogenerado. Jesús afirma que de una nube luminosa celestial que muestra el fulgor de la divinidad llega una voz divina que pide un ángel, y de la nube aparece Autógenes el Autogenerado. *Autógenes* es un término usado comúnmente en los textos séticos para caracterizar la descendencia de Barbelo, y el término recalca la independencia del Niño: el Niño, como Autógenes, es autogenerado. El nombre Autógenes o "Autogenerado" encaja especialmente bien en el Evangelio de Judas, donde el Autogenerado simplemente emerge, por sí mismo, de la nube celestial tras la llamada de la voz.

En otros lugares de la literatura sética, el relato de la aparición del Niño Autógenes puede complicarse más, y en la versión más larga del Libro secreto de Juan la aparición del Niño es descrita de una manera que sugiere un acto de interacción espiritual entre el Padre trascendente y Barbelo, la Madre:

El Padre contempló a Barbelo, con la luz pura rodeando el Espíritu invisible y su resplandor. Barbelo concibió de él, y él produjo una chispa de luz semejante a la gloriosa luz pero no tan grande. Éste fue el único Niño de la Madre-Padre que salió adelante, la única descendencia, el único Niño del Padre, la luz pura. El invisible Espíritu virginal se regocijó con la luz engendrada, que salió de la primera potencia de la Providencia del Espíritu, que es Barbelo. (II:6)

En el Evangelio de Judas Jesús pasa a explicar cómo otros cuatro ángeles, o mensajeros, llamados "luminarias", cobran existencia a través del Autogenerado, y sirven como ayudantes del Autogenerado (47). En otros relatos séticos las cuatro luminarias tienen nombres: Armocel, Oroiael, Daveité y Elelet. Un número creciente de ángeles y eones —seres celestiales— cobran existencia, "innumerables miríadas" según el Evangelio de Judas, a medida que se manifiesta el fulgor de la divinidad. Finalmente la expansión de la divinidad se extiende a los eones, luminarias, cielos y firmamentos del universo, y sus números se corresponden con aspectos del mundo, especialmente con unidades de tiempo. Hay doce eones, como los meses de un año o los signos del zodiaco. Hay setenta y dos cielos y luminarias, como el número tradicional de las naciones que había en el mundo según la tradición judía. Hay trescientos sesenta firmamentos, como los días del año (menos los cinco días añadidos). También aparece el número veinticuatro, como las horas de un día (Evangelio de Judas 49–50).

Esta parte del Evangelio de Judas tiene tan notable paralelismo con pasajes del texto Eugnostos el bienaventurado y con otro texto relacionado, la Sabiduría de Jesús Cristo, que yo creo que puede haber alguna clase de conexión entre todos ellos. El autor de Eugnostos el Bienaventurado describe la creación de eones y otras potencias en dos importantes pasajes:

> Las doce potencias de las que he hablado se emparejaron entre sí y engendraron <seis> machos y <seis> hembras, y fueron en total 72 potencias. Cada una de las 72 dio existencia a cinco potencias espirituales, y el número de potencias llegó a 360. Y están unidas en el deseo. De esta manera la Humanidad inmortal llegó a simbolizar nuestro reino. El primero en concebir, el hijo de la Humanidad inmortal, hace de símbolo del tiempo. El [salvador] simboliza [el año]. Las doce potencias son símbolos de los doce meses. Las 360 potencias nacidas del salvador representan los 360 días del año. Y los ángeles nacidos de ellas y que son innumerables representan las horas y minutos. (Códice III:83–84, Nag Hammadi).

> Algunos de éstos, en casas y carros, estaban en la gloria inefable y no podían ser enviados a ninguna criatura, y engendraron para sí mismos huestes de ángeles, miríadas innumerables, para servirlos y glorificarlos, así como espíritus virginales y luces inefables. Están libres de enfermedades y flaquezas. Sólo existe la voluntad, que se manifiesta simultáneamente. (III:88–89).

En el Evangelio de Judas, estas reflexiones teológicas tan complejas e intrincadas revelan una forma sofisticada de pensar en la divinidad. En el principio, se dice, hay una deidad innombrable e inefable, si es que podemos llamar "deidad" al Gran Uno o utilizar alguna palabra para describir al Uno. El Gran Uno se expande a través de los eones e incontables entidades hasta la plenitud de la gloria divina que resplandece hacia nuestro mundo inferior. De no haber sido por un trágico error en el reino de la divinidad, un vacío de sabiduría, todo se habría mantenido en estado de gloria. Pero hubo un vacío.

LA CORRUPTIBLE SOFÍA Y EL CREADOR

Según los textos séticos, la caída del estado de gracia al comienzo del tiempo fue un suceso divino de dimensiones cósmicas. En la Biblia, el Génesis narra la historia de Adán y Eva, que ceden a la voluntad de la serpiente y comen del árbol de la ciencia del bien y del mal contra la voluntad de Dios. Los textos séticos hablan de Sabiduría divina, personificada en Sofía, que comparte rasgos con Eva y cae en un error que podría tener graves consecuencias. La parte que se ha salvado del Evangelio de Judas no incluye la historia de Sofía y de su caída. Hay sólo una referencia a Sofía en una parte fragmentada del texto donde, con pocas explicaciones, la llaman "corruptible Sofía". Después de una laguna hay una referencia a "la mano que ha creado a la gente mortal", que puede relacionar a Sofía con el dios que creó este mundo. En el Libro secreto de Juan el relato de la caída de la Sabiduría es expuesto con más detalle:

> Entonces Sofía, que es la Sabiduría del Discernimiento y que constituye un eón, concibió de una idea de sí misma, y con la idea del Espíritu invisible y de la Providencia. Quiso engendrar algo semejante a ella misma, sin el consentimiento del Espíritu, que no había dado su

aprobación, sin su compañero y sin la consideración de éste. El compañero no dio su aquiescencia. Ella no encontró a su compañero, y consideró esta cuestión sin la aprobación del Espíritu y sin que su compañero lo supiera. A pesar de todo dio a luz. Y a causa del poder invencible que hay en ella, su pensamiento no fue huero. De su seno nació algo imperfecto y diferente de ella en su apariencia, porque lo había concebido sin su compañero. No se parecía a su madre, y era deforme. (II:9–10).

En la Carta de Pedro a Felipe, el que hace la revelación en el texto da otro detalle crucial de la caída de la Madre Sofía. En la versión de la carta del Códice Tchacos el que hace la revelación dice:

Para comenzar con [relativo a] la imperfección de los eones, su imperfección es la desobediencia. La Madre, dando muestra de escaso juicio, se manifestó sin el mandato del Gran Uno. Fue él quien quiso, desde el comienzo, crear eones. Pero cuando ella [habló], apareció el Soberbio Uno. Una parte del cuerpo de ella fue abandonada, y el Soberbio Uno la tomó, y fue así la imperfección. Esa, pues, es la imperfección de los eones (3–4).

La palabra *imperfección* también aparece en el Evangelio de Judas 39. La imperfección, o mengua de la luz divina, procede de una concepción perversa, según el Libro secreto de Juan, y de la desobediencia y la falta de juicio según la Carta de Pedro a Felipe. La Madre de la Carta de Pedro a Felipe podría ser Sofía o Eva, y a la luz de la conexión entre Sofía y Eva en la literatura gnóstica la ambigüedad puede ser deliberada. A medida que la historia de Sofía se desarrolla en la literatura, una parte del espíritu divino pasa de Sofía a su niño, el creador de este mundo, quien finalmente lo insufla en el interior de los seres humanos (Génesis 2:7). Así, la pérdida de Sofía conduce a que los seres humanos lleven en su interior la luz de la divinidad.

Ésta es la historia más larga de la "corruptible Sofía" que hay en el Evangelio de Judas. Todo lo que hay de imperfecto en el mundo de la divinidad y en el mundo inferior tiene su origen en el vacío de sabiduría, y cuando la luz interior de las personas vuelve a fusionarse con la divinidad, Sofía se renueva y se alcanza la plenitud de la divinidad. Una parte de ese éxtasis puede ser experimentada ya, sugieren los textos gnósticos, pero la experiencia final de la divina plenitud llega cuando la persona deja su cuerpo mortal. En el Evangelio de Judas Jesús dice que cuando la gente de la estirpe de Set —los gnósticos— muere, su cuerpo físico desaparece pero su alma sigue viva y vuelve, libre, a su morada celestial (43). Con la muerte, todo cuanto pertenece al cuerpo y tiene su morada en este mundo de mortalidad debe ser dejado atrás. Los cuerpos mortales de las personas en posesión del conocimiento deben ser entregados, dice Jesús a Judas, "para que así sus almas [vayan] al eterno reino celestial" (44).

En algunas tradiciones gnósticas, especialmente las valentinianas, se mencionan dos formas de Sabiduría, la Sabiduría superior y la Sabiduría inferior, probablemente en un intento de resolver la delicada cuestión de cómo afirmarse en la suprema bondad de la divinidad reconociendo a la vez la realidad del mal en un mundo imperfecto. Ese particular, la cuestión de la teodicea o el problema de la maldad, sigue siendo uno de los más difíciles y relevantes de las discusiones teológicas modernas. ¿Qué es el mal y de dónde viene? ¿Tiene Dios alguna implicación en el mal? En el Evangelio de Felipe, valentiniano, la Sabiduría superior se llama Sofía o Echamot; la Sabiduría inferior, Echmot, "la Sabiduría de la muerte" (Códice II, 60, Nag Hammadi), y la Sabiduría superior de Dios está protegida de la maldad de este mundo mortal. De manera semejante, quizá, el Libro sagrado del gran Espíritu invisible menciona también la "Sofía inferior" (Códice III, 57, Nag Hammadi).

Sigue sin estar claro cómo la referencia a la "corruptible Sofía" del Evangelio de Judas se relaciona con los modos más desarrollados de interpretación de la Sabiduría que hay en los textos gnósticos. Lo que está claro es que ella es "corruptible".

La descendencia de Sofía y el producto de su error, descrito como un niño deforme en el Libro secreto de Juan y apodado "el Soberbio" en la Carta de Pedro a Felipe, es el señor supremo y el creador de este mundo, bien conocido por los textos séticos. En el Evangelio de Judas y otras tradiciones gnósticas el creador de este mundo no es un personaje amable. Como creador y demiurgo, suya es la responsabilidad de mantener la luz divina de Sofía atrapada en cuerpos mortales. En el Evangelio de Judas 51 se llama al creador Nebro y Yaldabaot, y hay otro, Saclas, que colabora con él. Se conocen otras formas de los tres nombres por otros textos séticos. *Yaldabaot* significa casi con seguridad "hijo del caos", y *Saclas* significa "tonto". El nombre Nebroel o Nebruel aparece en el Libro sagrado del gran Espíritu invisible y en fuentes maniqueas; en el Evangelio de Judas el nombre Nebro es escrito así, sin el sufijo honorífico –*el* (que en hebreo significa "Dios"). En el Libro sagrado Nebruel parece ser un demonio hembra que copula con Saclas y da a luz doce eones (III:57).

En el Evangelio de Judas, Jesús usa un lenguaje gráfico para describir a Judas el aspecto del creador de este mundo, y no es un demiurgo hermoso. Jesús dice: "Y he aquí que de la nube apareció un [ángel] en cuyo rostro resplandecían llamaradas y cuyo semblante estaba manchado de sangre" (51). Su rostro resplandeciente con llamaradas lo asemeja al Yaldabaot del Libro secreto de Juan (II:10), y su "semblante manchado de sangre", a la Sofía inferior del Libro sagrado del gran Espíritu invisible (III:56–57).

El creador y sus asistentes, según el Evangelio de Judas, crean este mundo inferior con todos los señores, ángeles y potencias. La institución de la jerarquía de las potencias angélicas se describe en un pasaje que está algo deteriorado:

Los doce señores hablaron con los doce ángeles: "Que cada uno de vosotros [...] y que ellos [...] estirpe [—*falta una línea*—] ángeles":

El primero es [Se]t, que es llamado Cristo.
El [segundo] es Harmatot, que es [...].
El [tercero] es Galila.
El cuarto es Yobel.
El quinto [es] Adonaios.

Éstos son los cinco que gobernaron el mundo inferior, y antes de nada el caos. (51–52).

Hay otros pasajes semejantes a éste en el Libro secreto de Juan (II:10–11) y el Libro sagrado del gran Espíritu invisible (III:58), y esos pasajes describen la misma clase de jerarquía de los señores del mundo que el Evangelio de Judas, aunque de una manera más completa. El Libro sagrado dice:

Por la voluntad del Autogenerado, [Sacla] el gran ángel dijo: "Habrá ... en cantidad de siete...".
Dijo él a los [grandes ángeles], "Id, [cada] de vosotros reine sobre vuestro propio [mundo]". Y cada [de estos] doce [ángeles] partió.
[El primer] ángel es Atot, a quien [las grandes] estirpes de personas llaman ... ,
el segundo es Harmas, [el ojo de fuego],
el tercero [es Galila],
el cuarto es Yobel,
[el quinto es] Adonaios, que es [llamado] Sabaot,
el sexto [es Caín, a quien] el [grandes estirpes de] personas llaman el Sol,
el [séptimo es Abel],
el octavo, Akiressina,
el [noveno, Youbel],
el décimo es Harmoupiael,
el undécimo es Archir-Adonin,
el duodécimo [es Belias].
Éstos están situados sobre el Hades [y el caos].

El Libro secreto de Juan afirma que siete están situados sobre las siete esferas del cielo (para la Luna, el Sol, Mercurio, Venus, Marte, Júpiter y Saturno) y cinco, sobre las profundidades del abismo.

Los gobernantes de este mundo están en su lugar en el Evangelio de Judas, y este mundo-abismo —el cosmos, "perdición" según el Evangelio de Judas 50— está preparado para ser ocupado. Todo lo que necesita es una familia que lo habite.

Set y la creación de Adán y Eva

El personaje de Set, el tercer hijo de Adán y Eva, es importante en el Evangelio de Judas. El Evangelio de Judas describe a Set (también llamado Cristo) como un señor angélico del mundo, y se refiere a la "estirpe de Set" (también llamada "la gran estirpe", "aquella estirpe" y "la estirpe sin señor que la domine") y a los padres de Set, Adán y Eva, y también a Adamas, descrito como un Adán celestial en una nube de luz. ¿Qué significa todo esto? En la Biblia, la primera familia es muy conflictiva: los padres tienen problemas con Dios y son expulsados del paraíso, y los dos primeros hijos, Caín y Abel, tienen ambos mal final. Set, según el Génesis 4–5, nace de Adán y Eva como otro hijo, "otra semilla", concebido a imagen de Adán igual que Adán fue concebido a imagen de Dios. Es él quien saca adelante la familia de Adán.

Más adelante el Génesis cuenta que Set tiene un hijo, Enoc, y que por aquel tiempo la gente comienza a llamar al Señor Yahvé por su nombre sagrado.

Aparentemente por ser Set "otra semilla", hereda el epíteto Alógenes, que en griego quiere decir "uno de otra clase" o "extranjero". Hay un texto sético en el Códice XI de Nag Hammadi, que ya he mencionado, titulado Alógenes, o Alógenes el extranjero, y el autor neoplatónico Porfirio cita una "revelación de Alógenes" que podría ser este mismo texto de la biblioteca de Nag Hammadi (*Vida de Plotino* 16). Aún más, Epifanio remite a diversos libros de Alógenes (o Alogeneis, en plural; *Panarion* 39.5.1).

Un fragmento del libro identificado como cuarto y último del Códice Tchacos, justo a continuación del Evangelio de Judas, lleva el título provisional "Libro de Alógenes" por el protagonista del texto. Podríamos preguntarnos si este texto puede ser uno de los otros libros de Alógenes. En el último libro del Códice Tchacos, como en otros textos séticos cristianos, Alógenes hace el papel de Jesús. En el texto, Jesús es Set el extranjero encarnado en el salvador cristiano, y bajo la personalidad de Alógenes se enfrenta a las tentaciones de Satán y experimenta la transfiguración en una nube luminosa en el Evangelio de Judas (57–58).

En el mejor estilo platónico, conforme a los intereses platónicos de la tradición sética, en el Evangelio de Judas, Adán es tanto un personaje ideal de la humanidad celestial como un personaje del mundo terrenal. Adán, llamado Adamas (probablemente un juego de palabras con la palabra griega *adamas*, "acerado", "irrompible"), "estaba en la primera nube luminosa que ningún ángel había visto entre todos los llamados 'Dios'" (48). Se hace una referencia un poco más tarde a "la incorruptible [estirpe] de Set" (49). Aunque en el Evangelio de Judas Set no está explícitamente situado con Adamas en los reinos celestiales, como en otros textos séticos, Jesús afirma cerca del final del texto que "antes que el cielo, la Tierra y los ángeles, esa estirpe, que viene del reino eterno, ya existía" (57). Semejante afirmación sobre el elevado lugar de origen de la estirpe de Set puede implicar que en el Evangelio de Judas se considera al propio Set como un personaje elevado de los reinos divinos.

El Libro secreto de Juan hace un relato más detallado. Según el Libro secreto, el Adamas celestial reside en el primer eón con la primera luminaria, Armocel, de una manera que recuerda la morada celestial de Adamas en el Evangelio de Judas, y Set está en el segundo eón con la segunda luminaria, Oroiael (II:9). La semilla de Set también reside en el cielo, como en el Evangelio de Judas; según el Libro secreto de Juan, la semilla de Set está en el tercer eón con la tercera luminaria, Daveité. En el Libro secreto de Juan, el Adán celestial se llama Pigeradamas (o Geradamas), "Adán el extranjero", "Adán el santo" o "Adán el viejo".

La afirmación que se hace en el Evangelio de Judas de que el Adamas celestial está en la primera nube luminosa significa que mora en la gloria de la divinidad, cerca del Gran Uno. Esta conexión entre Adamas, arquetipo de la Humanidad, y el Gran Uno confirma lo que sugirió el erudito Hans-Martin Schenke. Schenke vio un nexo entre la deidad suprema del pensamiento gnóstico y el arquetipo humano, de manera que, por vías diferentes y según modelos diferentes, la Humanidad trascendente llega a estar asociada con el Uno trascendente. Esa conexión entre Dios y el Hombre se manifiesta en los textos séticos en la primera revelación, donde la voz divina resuena en las alturas: "La Humanidad existe, y el hijo de la Humanidad" (o "el hombre existe, y el hijo del hombre"; Libro secreto de Juan II:14). La historia de la creación de los terrenales Adán y Eva y de sus hijos en el Evangelio de Judas, aun siendo concisa, está contada con formas bíblicas y platónicas: "Entonces Saclas dijo a sus ángeles: 'Creemos un ser humano a imagen y semejanza'" (52). Este fragmento sigue el relato del Génesis y lo interpreta en términos platónicos y gnósticos. En el Génesis 1:26 se dice que el creador hace la Humanidad a imagen y semejanza de la divinidad, y la interpretación de esto en las tradiciones séticas es que al Adán terrenal está conformado según la imagen ideal del Adamas celestial. La idea gnóstica de un señor de la Tierra que crea aquí seres humanos a imagen y semejanza del ser humano trascendente del reino celestial es semejante a la creencia platónica de que el demiurgo creó el mundo basándose en formas e ideas del reino de las ideas.

Otros textos gnósticos, incluidos los séticos, presentan reflexiones semejantes sobre el Génesis 1:26. La Carta de Pedro a Felipe describe la obra de creación del Soberbio como la generación "de una imagen en lugar de una [imagen], una forma en lugar de una forma" (4). En el Libro secreto de Juan el relato está más desarrollado, y distingue entre creación a imagen de la divinidad y creación a semejanza de los arcontes y potencias del mundo:

Una voz clamó desde el elevado reino celestial: "Existe la Humanidad, y el hijo de la Humanidad". El primer señor, Yaldabaot, oyó la voz y creyó que venía de su madre. No reconoció su origen. La sagrada y perfecta

Madre-Padre, la completa Providencia, la imagen del Uno invisible, que es el Padre de todas las cosas, por quien todo llega a ser, el primer humano; éste es quien se mostró y apareció con figura humana. El reino entero del primer señor tembló, y los cimientos del abismo se agitaron. La parte inferior de las aguas que quedan sobre el mundo material se iluminó con la imagen que había aparecido. Cuando todas las potencias y el señor supremo miraron a la aparición, vieron todo el fondo que estaba iluminado. Y a través de la luz vieron la forma de la imagen en el agua. Yaldabaot dijo a las potencias que lo acompañaban: "Venid, creemos un ser humano a imagen de Dios y a nuestra semejanza, para que esa imagen humana pueda darnos luz". Y crearon mediante sus respectivos poderes, de acuerdo con los atributos que habían sido establecidos. Cada una de las potencias añadió un atributo físico correspondiente a la figura de la imagen que habían visto. Crearon un ser como el primer humano perfecto, y dijeron: "Llamémoslo Adán, para que su nombre pueda darnos el poder de la luz" (II:14–15).

Uno de los elementos característicos del Evangelio de Judas es su insistencia en los asuntos astronómicos y astrológicos, especialmente en la influencia de las estrellas y los planetas en la vida humana, y esa insistencia también parece estar basada en temas platónicos. Otros textos séticos comentan también la manera en que las potencias celestiales gobiernan a las personas, pero el Evangelio de Judas dice que cada persona recibe un alma y tiene una estrella que la guía. En el Evangelio de Judas, Jesús dice a Judas que las personas tienen alma, pero sólo las de la estirpe de Set tienen alma inmortal:

> Las almas de todas las estirpes humanas morirán. Pero cuando aquellas personas han consumido su tiempo en este reino y el espíritu las abandona, sus cuerpos mueren pero sus almas viven y son asumidas. (43)

Aquí y en todo el texto se diferencia el espíritu de una persona de su alma. El espíritu puede ser hálito vital, mientras que el alma puede ser la persona interior que viene de la divinidad y a ella retorna. La misma diferencia ayuda a explicar lo que quiere decir Jesús cuando enseña a Judas, en el Evangelio de Judas 53, que aunque la gente corriente alberga un espíritu durante algún tiempo, la gente de la estirpe de Set tiene tanto un espíritu como un alma dados por el Gran Uno. Jesús también reflexiona sobre las estrellas, y en el Evangelio de Judas 42 recalca a Judas y a los otros discípulos: "Cada uno de vosotros tiene su propia estrella". El interés por las almas y las estrellas recuerda las afirmaciones de Platón sobre las almas, las estrellas y la creación del mundo. En el *Timeo* Platón hace que Timeo cite una frase del creador del mundo, y entonces Timeo habla de cómo las almas son asignadas a las estrellas:

> Así habló el creador y, una vez más, en la copa en la que antes había mezclado el alma del universo vertió los restos de los elementos y los mezcló de manera muy semejante; aunque no eran puros como antes, sino que estaban diluidos hasta el se-

gundo o tercer grado. Y, habiéndolo hecho, dividió toda la mezcla en almas iguales en número a las estrellas, y asignó a cada alma una estrella; y habiéndolas colocado en un carro, les mostró la naturaleza del universo y les dijo cuáles eran las leyes del destino, según las cuales su primer nacimiento sería uno e idéntico para todos, nadie quedaría en desventaja por obra suya; iban a ser sembrados en los agentes del tiempo estrictamente adaptados a ellos, y a convertirse en los animales más religiosos; y como la naturaleza humana era de dos clases, la raza superior sería llamada desde entonces humanidad ... La persona que viva correctamente durante el tiempo que le ha sido dado volverá y vivirá en su estrella natal, y allí tendrá una existencia beatífica y feliz.

La estrella natal de Judas es santa, le dice Jesús hacia el final del Evangelio de Judas. Judas puede estar destinado a la aflicción, como le advierte a lo largo del texto, y se convertirá en el decimotercero, el sobrero del círculo de los doce discípulos, maldecido por los otros y reemplazado en el círculo de los doce por otro (Evangelio de Judas 35–36; Hechos 1:15–26). Así, Jesús llama a Judas "decimotercer espíritu" (44), literalmente "decimotercer demonio", usando el término empleado por Platón para el espíritu guía de Sócrates y de otros. A pesar de todas las dificultades y la oposición a las que se enfrenta Judas, Jesús le promete que el futuro le reportará bienaventuranza y alegría, y, como apunta Bart Ehrman en su ensayo, el trece resulta ser el número de la suerte para Judas. Jesús pide a Judas que busque y reconozca que, entre todas las estrellas del cielo, su estrella marca el camino (57).

A mediados del siglo tercero circulaban textos séticos que incluían temas platónicos de esta clase y numerosos conceptos del platonismo medio y el neoplatonismo, y algunos de ellos fueron comentados y criticados por el filósofo neoplatónico Plotino y los alumnos de su escuela neoplatónica en Roma. Esos textos séticos platonizantes leídos en Roma podían incluir obras de la biblioteca de Nag Hammadi tales como Alógenes el extranjero, como hemos visto. Una de las quejas de los platónicos contra los gnósticos y sus textos era su dureza con el demiurgo —Nebro, Yaldabaot, Saclas— y el retrato demasiado negativo que hacían de él. Es cierto que los textos séticos tienen pocas cosas buenas que decir sobre el creador de este mundo, y en ese aspecto los séticos podrían no haber estado de acuerdo con otros platónicos. De todos modos, es evidente que los textos séticos, incluido el Evangelio de Judas, adoptaron temas de Platón, y a su propia manera los adaptaron a su concepto de la divinidad y del universo.

El Evangelio de Judas
como texto sético cristiano

Como he intentado mostrar en este ensayo, el Evangelio de Judas parece ser un evangelio sético cristiano temprano con enseñanzas de Jesús ofrecidas a Judas Iscariote, para anunciar un camino hacia la salvación y la iluminación basado en el conocimiento de uno mismo y de la divinidad. El mensaje del Evangelio de Judas es que, igual que Jesús es un ser espiritual que ha venido de los cielos y volverá a la gloria, también los verdaderos seguidores de Jesús son personas con alma cuyo ser y destino están con la divinidad. Desde entonces aquellos que se conocen a sí mismos pueden vivir en la fortaleza de su persona interior, el "humano perfecto" mencionado por Jesús en sus comentarios a los discípulos (35). Al final de sus vidas mortales, las personas pertenecientes a la gran estirpe de Set abandonarán todas las cosas de este mundo mortal para liberar la persona interior y el alma.

En el Evangelio de Judas, esa clase de sacrificio es lo que Jesús pide a su querido amigo y más lúcido discípulo: pide a Judas que lo ayude a liberarse de su cuerpo mortal entregándolo a las autoridades. También se sacrifican otros, le dice Jesús, pero lo que Judas hará será el mejor don de todos. Jesús dice a Judas: "pero tú los superarás a todos, porque tú sacrificarás el cuerpo en el que vivo". (56) Judas no podría hacer menos por su amigo y compañero del alma, y lo "traiciona". Ésa es la buena nueva del Evangelio de Judas.

Las enseñanzas del evangelio son las de Jesús el salvador cristiano, y la historia narra la traición a Jesús, pero las principales enseñanzas de Jesús sobre la cosmogonía y los secretos del universo (Evangelio de Judas 47–53) contienen muy poco que se pueda considerar como específicamente cristiano. Este relato cosmogónico está basado en conceptos e interpretaciones de las Escrituras judías innovadores e influidos por las ideas platónicas; el único elemento indiscutiblemente cristiano de todo el relato es la rápida referencia a "[S]et, llamado Cristo" (Evangelio de Judas 52). El relato cosmogónico parece haber tenido su origen en un contexto sético judío más antiguo, y ha sido adoptado y cristianizado ligeramente como enseñanza de Jesús. En otras palabras, la enseñanza sética judía se transforma en enseñanza sética cristiana en el Evangelio de Judas.

Una transformación semejante se da también en otros lugares de la literatura gnóstica. El Libro secreto de Juan es otro texto sético que parece haber sido redactado como documento gnóstico judío y cristianizado ligeramente como enseñanza y revelación de Jesús. De modo semejante, Eugnostos el bienaventurado es un texto gnóstico judío, en estilo epistolar, que ha sido editado y ampliado en forma de enseñanzas de Jesús en un diálogo con sus discípulos en la Sabiduría de Jesús Cristo.

Jesús, pues, es presentado como el maestro y revelador de conocimiento en el Evangelio de Judas. Viene de la divinidad y a la divinidad volverá, e instruye a Judas y a miembros de la estirpe de Set. En otros textos séticos cristianos, Jesús desempeña una función semejante, y comúnmente es asociado con Barbelo, Autógenes el autogenerado y Set.

En el Libro secreto de Juan, Cristo es identificado con el Autogenerado y es el hijo de la divina Barbelo (II:6–7). En el Libro sagrado del gran Espíritu invisible, Set es envuelto por el "Jesús viviente", y Jesús se convierte en la encarnación de Set. En el Libro de Alógenes del Códice Tchacos, Jesús es presentado como Alógenes el extranjero, una manifestación de Set. En Pensamiento trimorfo, el *Logos* o Verbo, conectado con Set, anuncia que se ha introducido en Jesús y se lo ha llevado del madero infame (Códice XIII, 50, Nag Hammadi). En el Evangelio de Judas, Jesús es asociado también con Barbelo, pero la naturaleza de su relación no queda clara; y no se sabe qué relación existe entre Jesús y Autógenes el autogenerado, si la hay. Y la única conexión explícita entre Jesús y Set en el Evangelio de Judas aparece en la lista de entidades angélicas que gobiernan el caos y el mundo inferior.

Quedan preguntas acerca de las asociaciones y relaciones de Jesús según el Evangelio de Judas, pero no acerca de su proclamación. Jesús proclama un mensaje místico de esperanza y libertad, articulado en términos gnósticos séticos; deja a Judas y a los lectores del evangelio con una promesa de iluminación y liberación, y exhorta a Judas a mirar las estrellas. Como dice Jesús a Judas en el Evangelio de Judas 57, "levanta tus ojos y mira la nube y la luz que hay en ella y las estrellas que la rodean. La estrella que marca el camino es tu estrella".

Notas

El Evangelio de Judas

p. 46 ... *[—faltan cinco líneas aproximadamente—]* ... En la parte superior de las páginas 57 y 58 del códice se colocó un nuevo fragmento cuando este libro estaba en prensa. El texto recuperado está incluido en la traducción, pero no aparece en la fotografía de la página 8.

Gregor Wurst

p. 113 ... *redactados en el dialecto copto sahídico* ... El copto es la lengua de los cristianos de Egipto y la última fase de la lengua egipcia, es decir, la lengua de los faraones, escrito con el alfabeto griego más algunos caracteres adicionales tomados del demótico, una forma de escritura cursiva del egipcio jeroglífico. El sahídico es uno de los dialectos principales del copto.

p. 113 ... *Libro de Alógenes* ... hay fotografías de las partes principales de las primeras cuatro páginas de este texto que, junto con fotografías de las últimas dos páginas del Evangelio de Judas, han circulado entre los especialistas durante los últimos años. Eso hizo creer que esas cuatro páginas también formaban parte del evangelio. El análisis del papiro, que será publicado con la próxima edición crítica, ha demostrado que esas páginas son el comienzo de un cuarto libro cuyo título, mal conservado, se podría reconstruir como "El l[ibro de Alógenes]".

p. 114 ... *refutación de los "gnósticos"* ... Sobre el significado de los términos *gnosis* y *gnósticos* v. el ensayo de Marvin Meyer en este libro.

p. 115 ... *Esaú, Coré y los Sodomitas* ... Sobre Esaú v. Génesis 25:19–34, 27:32–33; sobre Coré, Génesis 36:5 y Números 16–17; y sobre los Sodomitas, Génesis 18–19.

p. 115 ... *este grupo de gnósticos fueron llamados "los cainitas"* ... V. Birger A. Pearson, *Gnosticism, Judaism, and Egyptian Christianity*, Studies in Antiquity and Christianity (Minneapolis: Fortress, 1990), 95–107. Pearson aduce que en la Antigüedad nunca existió una secta gnóstica cainita en particular. Según él, "El sistema cainita de *gnosis*, descrito como tal por los defensores del dogma, no es más que una invención de su imaginación, una construcción artificial".

p. 116 ... *a remolque del discurso de Ireneo*. Para una investigación más completa de antiguas fuentes cristianas relacionadas con los cainitas y el Evangelio de Judas, v. el artículo de Clemens Scholten, "Kainiten," en *Reallexikon für Antike und Christentum* (Stuttgart: Anton Hiersemann, 2001), 19:972–73.

P. 118 ... *más de un Evangelio de Judas* ... Como es el caso del famoso Evangelio de Tomás, también conocido principalmente a través de una traducción copta incluida en el Códice II, 2 de Nag Hammadi. Además de ése, se ha conservado otro Evangelio de Tomás que pertenece a los llamados evangelios de la infancia, y cuyo contenido es completamente diferente del texto de Nag Hammadi.

p. 118 ... *entre los "otros" gnósticos*. Como indica oportunamente Clemens Scholten ("Kainiten", 975). Scholten incluso preguntaba si la última frase del relato de Ireneo presupone la existencia de un Evangelio de Judas escrito.

p. 118 ... *"presenta" o "cita"* ... La palabra latina *adferunt*, usada aquí por el traductor de Ireneo, puede ser traducida como "presentan", "citan" o incluso "producen", así que la interpretación depende de la traducción escogida.

p. 119 ... *todas las cosas, terrenas y celestiales"*. Esta interpretación es sostenida también por Hans-Josef Klauck; v. su *Judas: Ein Jünger des Herrn,* Quaestiones Disputatae 111 (Friburgo: Herder, 1987), 19–21.

p. 119 ... *la descendencia de Set* ... Sobre "aquella generación" y la descendencia de Set, v. el ensayo de Marvin Meyer.

p. 121 ... *alguien (o algo)* ... No está claro a quién o a qué se refiere este sujeto pronominal. En el texto copto se refiere a un antecedente masculino.

p. 124 ... *dista mucho de estar establecido.* Esto se debe a que ninguna de las versiones del Libro secreto de Juan procedentes de diversas fuentes gnósticas puede ser identificada como aquella a la que se refiere Ireneo en *Contra las herejías* 1:29. De hecho, el Libro secreto de Juan ha pasado por sustanciales trabajos de edición a lo largo de su historia, así que cualquier teoría que identifice una u otra versión del texto como la original depende en gran medida de jucios literarios y por ello será una conjetura; v. John D. Turner, *Sethian Gnosticism and the Platonic Tradition*, Bibliothèque copte de Nag Hammadi, Section "Études" 6 (Sainte Foy, Québec: Presses de l'Université Laval; Lovaina: Peeters, 2001), 136–41.

MARVIN MEYER

p. 127 ... *Ireneo y otros partidarios del dogma* ... Sobre los defensores del dogma y el Evangelio de Judas, ver el ensayo de Gregor Wurst. Aquí y más abajo las referencias apuntan a la obra de Ireneo *Contra las herejías* 1.31.1 y a la de Epifanio *Panarion* 38.1–3. Para una traducción de Ireneo y otros textos de los padres de la Iglesia contra los llamados *cainitas,* v. Werner Foerster, ed., *Gnosis: A Selection of Gnostic Texts,* (Oxford: Clarendon Press, 1972,

1974), 1:41–43; y (sólo Ireneo) Bentley Layton, *The Gnostic Scriptures: A New Translation with Annotations and Introductions* (Garden City, NY: Doubleday, 1987), 181.

p. 127 ... *textos de la biblioteca de Nag Hammadi.* Sobre la biblioteca de Nag Hammadi, v. Jean-Pierre Mahé y Paul-Hubert Poirier, eds., *Écrits gnostiques,* Bibliothèque de la Pléiade (París: Gallimard, 2007 [en prensa]); Marvin Meyer, *The Gnostic Discoveries: The Impact of the Nag Hammadi Library* (San Francisco: HarperSanFrancisco, 2005); Marvin Meyer, ed., *The Nag Hammadi Scriptures: The International Edition* (San Francisco: HarperSanFrancisco, 2006 [en prensa]); James M. Robinson, ed., *The Nag Hammadi Library in English,* 3ª ed. (San Francisco: HarperSanFrancisco, 1988); Hans-Martin Schenke, Hans-Gebhard Bethge, y Ursula Ulrike Kaiser, eds., *Nag Hammadi Deutsch,* 2 vols., Die Griechischen Christlichen Schriftsteller der ersten Jahrhunderte, Neue Folge 8, 12 (Berlín: Walter de Gruyter, 2001, 2003).

p. 128 ... *"conocedores" o "personas con conocimiento".* Sobre el uso del término *gnóstico* y otros relacionados, y sobre la naturaleza del pensamiento gnóstico, v. Layton, *Gnostic Scriptures;* Bentley Layton, "Prolegomena to the Study of Ancient Gnosticism," en L. Michael White and O. Larry Yarbrough, eds., *The Social World of the First Christians: Essays in Honor of Wayne A. Meeks* (Minneapolis: Fortress, 1995), 334–50; Antti Marjanen, ed., *Was There a Gnostic Religion?;* Publications of the Finnish Exegetical Society 87 (Göttingen: Vandenhoeck & Ruprecht, 2005); Meyer, *Gnostic Discoveries,* 38–43; Marvin Meyer, *The Gnostic Gospels of Jesus: The Definitive Collection of Mystical Gospels and Secret Books about Jesus of Nazareth* (San Francisco: HarperSanFrancisco, 2005), X–XIII; Marvin Meyer, "Gnosticism, Gnostics, and *The Gnostic Bible*," en Willis Barnstone and Marvin Meyer, eds., *The Gnostic Bible* (Boston: Shambhala, 2003), 1–19; Birger A. Pearson, *Gnosticism and Christianity in Roman and Coptic Egypt,* Studies in Antiquity and Christianity (Nueva York: Clark International, 2004), 201–23; Kurt Rudolph, *Gnosis: The Nature and History of Gnosticism,* traducción al inglés ed. Robert McLachlan Wilson (San Francisco: HarperSanFrancisco, 1987).

p. 128 ... *aplicable a muchas clases diferentes de creencias* ... V. Karen L. King, *What Is Gnosticism?* (Cambridge, MA: Belknap Press/Harvard University Press, 2003); Michael A. Williams, *Rethinking "Gnosticism": An Argument for Dismantling a Dubious Category* (Princeton, NJ: Princeton University Press, 1996).

p. 129 ... *grupos relacionados con los gnósticos séticos*. V. Hans-Martin Schenke, "The Phenomenon and Significance of Sethian Gnosticism," en Bentley Layton, ed., *The Rediscovery of Gnosticism: Proceedings of the International Conference on Gnosticism at Yale, New Haven, Connecticut, March 28–31, 1978*, Studies in the History of Religions (Suplementos de Numen) 41 (Leiden: E. J. Brill, 1980–81), 2:588–616; Hans-Martin Schenke, "Das sethianische System nach Nag-Hammadi-Handschriften," en Peter Nagel, ed., *Studia Coptica* (Berlin: Akademie Verlag, 1974), 165–72; John D. Turner, "Sethian Gnosticism: A Literary History," en Charles W. Hedrick and Robert Hodgson Jr., eds., *Nag Hammadi, Gnosticism, and Early Christianity* (Peabody, MA: Hendrickson, 1986), 55–86; John D. Turner, *Sethian Gnosticism and the Platonic Tradition,* Bibliothèque copte de Nag Hammadi, Section "Études" 6 (Sainte Foy, Québec: Presses de l'Université Laval; Lovaina: Peeters, 2001); Michael A. Williams, "Sethianism," en Antti Marjanen and Petri Luomanen, eds., *A Companion to Second-Century "Heretics,"* Suplementos de *Vigiliae Christianae* 76 (Leiden: E. J. Brill, 2005), 32–63.

p. 129 *La confesión central de Judas Iscariote* ... Pedro es quien hace una declaración de quién es Jesús en los evangelios sinópticos del Nuevo Testamento. V. cf. Mateo 16:13–20; Marcos 8:27–30; Lucas 9:18–21. Cuando Jesús pregunta a sus discípulos quién es él según la gente, según Mateo los discípulos responden que algunos dicen que es Elías y otros que Jeremías u otros profetas, y Pedro dice: "Tú eres el Cristo, el hijo de Dios vivo"; según Marcos, Pedro dice: "Tú eres el Cristo"; según Lucas, "el Cristo de Dios". V. la declaración de los discípulos en el Evangelio de Judas 34. Tomás hace su declaración sobre Jesús en el Evangelio de Tomás 13:

> Jesús ha dicho a sus discípulos: "Comparadme con alguien y decidme a quién me asemejo."

Simón Pedro le dice: "Te asemejas a un ángel justo."

Mateo le dice: "Te asemejas a un filósofo del corazón."

Tomás le dice: "Maestro, mi boca es totalmente incapaz de decir a quién te asemejas."

Jesús dice: "No soy tu maestro, ya que has bebido, te has embriagado del manantial burbujeante que he repartido al medirlo." Y lo lleva consigo, se retira, le dice tres palabras: *áhyh ashr áhyh* (Soy Quien Soy).

Cuando viene Tomás a sus compañeros, le preguntan: "¿Qué te dijo Jesús?"

Tomás les dice: "Si os dijera siquiera una de las palabras que me dijo, cogeríais piedras para lapidarme y fuego saldría de las piedras para quemaros."

p. 130 ... *Dios tal como se lo conoce por el nombre inefable.* V. W. W. Harvey, ed., *Irenaeus, Libros quinque adversus haereses* (Cambridge: Academy, 1857; reimpresión, Ridgewood, NJ: Gregg, 1965), 221–2.

p. 131 *Muchos libros séticos ... hacedor del mundo fenoménico.* Original inglés: Turner, *Sethian Gnosticism*, 85. La cita está ligeramente modificada en la versión inglesa, de acuerdo con el autor.

p. 133 *El Uno es un soberano ...* (Códice II, 2–3, Nag Hammadi). Las traducciones al inglés de los textos de Nag Hammadi citados en este ensayo son de Marvin Meyer. V. Meyer, *Gnostic Gospels of Jesus*; Meyer, *Nag Hammadi Scriptures*.

p. 133 ... *y otros textos.* Pablo escribe en Corintios 2:9, "Más bien, como dice la Escritura: 'lo que ni el ojo vio, ni el oído oyó, ni al corazón del hombre llegó, lo que Dios preparó para los que lo aman'." El Evangelio de Tomás 17 dice: "Jesús ha dicho: 'Yo os daré lo que ningún ojo ha visto y ningún oído ha escuchado y ninguna mano ha tocado y que no ha surgido en la mente humana'." El pasaje de la Plegaria del Apóstol Pablo se cita en las notas de la traducción. V. también Michael E. Stone y John Strugnell, *The Books of Elijah: Parts 1–2*, Society of Biblical Literature Texts and Translations 18, Pseudepigrapha 8 (Missoula, MT: Scholars, 1979).

p. 134–135 *El Uno es ... Porque nadie puede entenderlo.* Alógenes el extranjero incluye un pasaje (Códice XI, 61–64, Nag Hammadi) paralelo con esta parte del Libro secreto de Juan.

p. 136 *El Padre contempló ... que es Barbelo.* En la versión más corta del Libro secreto de Juan se dice que Barbelo contempla al Padre, se vuelve hacia él y entonces concibe una centella de luz (V. códice gnóstico de Berlín 8502, 29–30; Códice III, 9, Nag Hammadi).

p. 136 *... Armocel, Oroiael, Daveité y Elelet.* Los nombres y funciones de las Cuatro Luminarias se comentan en Turner, *Sethian Gnosticism.*

p. 137 *... pasajes del texto Eugnostos el bienaventurado ...* Sobre Eugnosto el Bienaventurado y la Sabiduría de Jesús Cristo, v. Douglas M. Parrott, *Nag Hammadi Codices III,3–4 and V,1 with Papyrus Berolinensis 8502,3 and Oxyrhynchus Papyrus 1081: Eugnostos and the Sophia of Jesus Christ,* Nag Hammadi Studies 27, The Coptic Gnostic Library (Leiden: E. J. Brill, 1991).

p. 139 *... el dios que creó este mundo ...* Sobre la sabiduría, incluida la Sabiduría personificada, en el pensamiento antiguo y particularmente en el pensamiento gnóstico sético, v. Meyer, *Gnostic Discoveries,* 57–115.

p. 139 *Entonces Sofía ... y era deforme.* Sofía intenta imitar el acto procreador original del Padre. El relato de Sofía concibiendo por sí misma parece reflejar antiguas teorías ginecológicas acerca del cuerpo femenino y la reproducción. En la mitología griega la diosa Hera también imita a Zeus y alumbra un niño por sí sola. Según una versión de esa historia, el niño es el monstruo Tifón (Homero, *Himno al Apolo pítico,* 300–362). Según otra, es el dios lisiado Hefaistos, a quien Hera expulsa del Olimpo y lo envía al mundo inferior (Hesíodo, *Teogonía* 924-929). En el Libro secreto de Juan todos los males e infortunios de este mundo tienen su origen en el desatino de Sofía.

p. 139-140 *Para comenzar con ... imperfección de los eones.* Aquí la versión de Nag Hammadi de la Carta de Pedro a Felipe dice:

Para comenzar, en cuanto a [la imperfección] de los eones, ésta es la imperfección. Cuando cayó en la desobediencia y el desatino, la Madre, sin acatar la majestad del Padre, quiso concebir eones. Cuando ella habló, resultó el Soberbio Uno. Pero cuando ella abandonó una parte, el Soberbio Uno la recogió y la parte se convirtió en imperfección. Ésa es la imperfección de los eones.

p. 140 *La palabra imperfección también aparece* ... La palabra *imperfección* es *šōōt* en en el texto copto del Evangelio de Judas. Este término y otros semejantes son fórmulas establecidas en los textos séticos y en algunos otros para referirse a la mengua de la luz divina debida a la transgresión cometida por la Madre.

p. 140 ... *en su interior la luz de la divinidad.* El Libro secreto de Juan incluye este colorido relato (reproducido aquí con mayor extensión que en las notas de la traducción) de cómo la divinidad engaña a Yaldabaot, el creador de este mundo, para que insufle la luz y el espíritu en la Humanidad:

Cuando la Madre quiso recuperar el poder que había cedido al primer señor, rogó al Padre más misericordioso de todos. Con una orden sagrada el Padre-Madre envió cinco luminarias al reino de los ángeles del primer señor. Ellas le aconsejaron pensando en este propósito, para así poder recuperar el poder de la Madre. Dijeron a Jaldabaoz: "Insufla un poco de tu espíritu en la cara de Adán, y entonces el cuerpo se levantará". Él insufló su espíritu en Adán. El espíritu es el poder de su Madre, pero él no se dio cuenta de esto porque vive en la ignorancia. Así, el poder de la Madre salió de Yaldabaot y entró en el cuerpo psíquico que había sido hecho como el Uno que es desde el principio. El cuerpo se movió, y se hizo poderoso. Y fue iluminado. En seguida el resto de los poderes sintieron celos. Aunque Adán había nacido a través de todos ellos, y ellos habían dado su poder a este humano, Adán era más inteligente que los creadores y el primer señor. Cuando se dieron cuenta de que Adán estaba iluminado y podía pensar más claramente que ellos, y era libre de mal, cogieron a Adán y lo arrojaron a la parte más baja de todo el reino material. (II:19–20).

p. 141 ... *la Sabiduría superior se llama Sofía o Echamot* ... Aquí el Evangelio de Felipe dice: "Existe Echamot y existe Echmot. Echmot es simplemente Sabiduría, pero Echmot es la Sabiduría de la muerte —es decir, la Sabiduría que conoce la muerte, que es llamada Sabiduría inferior." En otros lugares (v. Primera revelación de Santiago, Libro de Baruc y obras de los defensores del dogma), la sabiduría inferior se llama Achamot, y puede ser considerada como la hija de la Sabiduría superior, Sofía. Los nombres Echemot y Echamot vienen de la palabra hebrea que significa sabiduría, *hokhmah*; Echmot significa "como la muerte" en hebreo y arameo (*'ekh-moth*). V. Layton *Gnostic Scriptures*, 336.

p. 141 ... *"Sofía inferior"*. Aquí el Libro sagrado del gran Espíritu invisible dice: "Apareció una nube [llamada] Sofía inferior." Este pasaje se cita con más extensión en las notas de la traducción.

p. 142 ... *Se conocen otras formas de los tres nombres por otros textos séticos*. Otros textos, como el Libro secreto de Juan, la Naturaleza de los señores y Del origen del Mundo, también se refieren al creador de este mundo como Samael, un nombre que significa "dios ciego" en arameo.

p. 142 ... *y da a luz doce eones* ... Sobre Nebro, el Nimrod hebreo y el Nebrod griego de la Septuaginta, ver las notas de la traducción.

p. 142 *Su rostro resplandeciente con llamaradas* ... Sobre estas descripciones, ver los pasajes citados en las notas de la traducción.

p. 143 ... *El quinto [es] Adonaios* ... El nombre Adonaios viene del hebreo *Adonai*, "mi señor", más la desinencia masculina griega *–os*. El personaje de Adonaios ocupa un lugar preeminente en la literatura gnóstica. V. Libro secreto de Juan, Del origen del mundo, Libro sagrado del gran Espíritu invisible, Segundo discurso del gran Set, Libro de Baruc.

p. 144 *El personaje de Set* ... Sobre la figura de Set en los séticos y en otros textos, v. Birger A. Pearson, "The Figure of Seth in Gnostic Literature," en Layton, *Rediscovery of Gnosticism*, 2:471–504; Pearson, *Gnosticism and Christianity*, 268–82; Birger A. Pearson,

Gnosticism, Judaism, and Egyptian Christianity, Studies in Antiquity and Christianity (Minneapolis: Fortress, 1990), 52–83; Gedaliahu A. G. Stroumsa,
Another Seed: Studies in Gnostic Mythology (Leiden: E. J. Brill, 1984); Turner, *Sethian Gnosticism.*

p. 146 *El Libro secreto de Juan* ... Aquí el Libro secreto de Juan dice:

> De la providencia del Pensamiento perfecto, a través de la voluntad expresa del Espíritu invisible y la voluntad del Autogenerado, vino el humano perfecto, la primera revelación, la verdad. El Espíritu virginal llamó al humano Pigeradamas, y asignó a Pigeradamas al primer reino eterno con el gran Autogenerado, el Cristo, junto a la primera luminaria, Armocel. Sus potencias moran con él. El Invisible también dio a Pigeradamas el poder de un pensamiento invencible. Pigeradamas habló y glorificó y alabó al Espíritu invisible diciendo: "Porque todo ha nacido a través de ti, y todo volverá a ti. Te alabaré y glorificaré a ti, el Autogenerado, y a los reinos eternos, y a los tres, Padre, Madre y Niño, poder perfecto". Pigeradamas asignó a su hijo Set al segundo reino eterno, ante la segunda luminaria, Oroiael. En el tercer reino eterno estaba la familia de Set, con la tercera luminaria, Daveité. Las almas de los santos moraban allí. En el cuarto reino eterno estaban las almas de aquellos que ignoraban la Plenitud. No se arrepintieron de inmediato, sino que siguieron en la ignorancia durante un tiempo y se arrepintieron más tarde. Están con la cuarta luminaria, Elelet, y son criaturas que glorifican al Espíritu invisible.

p. 146 ... *"Adán el extranjero", "Adán el santo"* o *"Adán el viejo".* Sobre las posibles etimologías de Pigeradamas, v. Meyer, *Gnostic Gospels of Jesus,* 312–313.

p. 147 *Esta conexión entre Adamas* ... Hans-Martin Schenke, *Der Gott "Mensch" in der Gnosis: Eine religionsgeschichtliche Beitrag zur Diskussion über die paulinische Anschauung von der Kirche als Leib Christi* (Göttingen: Vandenhoeck & Ruprecht, 1962).

p. 147-148 ... *"de una imagen en lugar de una [imagen] ..."* Sobre la expresión "de una imagen en lugar de una [imagen]" v. Evangelio de Tomás 22:

> Jesús les ha dicho: "Cuando hagáis de los dos uno, y hagáis el interior como el exterior y el exterior como el interior y lo de arriba como lo de abajo, y cuando el varón con la hembra como una sola unidad de tal modo que el hombre no sea masculino ni la mujer femenina, cuando establezcáis un ojo en el lugar de un ojo y una mano en el lugar de una mano y establezcáis un pie en el lugar de un pie y una imagen en el lugar de una imagen, entonces entraréis en [el Reino]."

p. 150 *Así habló el creador... una existencia beatífica y feliz.* Benjamin Jowett, ed., Timaeus (Nueva York: Liberal Arts Press, 1949); también disponible en Internet Classics Archive, http://classics.mit.edu/Plato/timaeus.html.

p. 151 ... *Textos séticos que incluían temas platónicos de esta clase* ... V. Turner, *Sethian Gnosticism.*

Bibliografía escogida

Barnstone, Willis, and Marvin Meyer, eds. *The Gnostic Bible*. Boston: Shambhala, 2003.

Bauer, Walter. *Orthodoxy and Heresy in Earliest Christianity*. Philadelphia: Westminster, 1971.

Bethge, Hans-Gebhard, Stephen Emmel, Karen L. King, e Imke Schletterer, eds. *For the Children, Perfect Instruction: Studies in Honor of Hans-Martin Schenke on the Occasion of the Berliner Arbeitskreis für koptisch-gnostische Schriften's Thirtieth Year*. Nag Hammadi and Manichaean Studies 54. Leiden: E. J. Brill, 2002.

Brown, Raymond. *The Death of the Messiah*. 2 vols. Nueva York: Doubleday, 1994.

Brox, Norbert. *Offenbarung, Gnosis und gnostischer Mythos bei Irenäus von Lyon*. Salzburger patristische Studien 1. Salzburg: Pustet, 1966.

Crum, Walter E. *A Coptic Dictionary*. Oxford: Clarendon Press, 1939.

Culdant, Francine *El nacimiento del cristianismo y el gnosticismo,* Madrid: Akal Ediciones, 2000.

Culianu, Ioan. *The Tree of Gnosis: Gnostic Mythology from*

Early Christianity to Modern Nihilism. San Francisco: HarperSan Francisco, 1992.

Doresse, Jean. *The Secret Books of the Egyptian Gnostics: An Introduction to the Gnostic Coptic Manuscripts Discovered at Chenoboskion*. Nueva York: Viking, 1960; reimpresión: Nueva York: MJF Books, 1997.

Ehrman, Bart D. *After the New Testament: A Reader in Early Christianity*. Nueva York: Oxford University Press, 1998.

—. *Jesus: Apocalyptic Prophet of the New Millennium*. Nueva York: Oxford University Press, 1999.

—. *Cristianismos perdidos: los credos proscritos del Nuevo Testamento*. Barcelona, Ed. Crítica, 2004.

—. *Lost Scriptures: Books That Did Not Make It into the New Testament*. Nueva York: Oxford University Press, 2003.

Foerster, Werner, ed. *Gnosis: A Selection of Texts*. 2 vols. Oxford: Clarendon Press, 1972, 1974.

Gómez de Liaño, Ignacio. El círculo de la sabiduría: Diagramas del conocimiento en el mitraísmo, el gnosticismo, el cristianismo y el maniqueísmo. Madrid, Siruela, 1998.

Jonas, Hans. *The Gnostic Religion: The Message of the Alien God and the Beginnings of Christianity*. 2nd ed. Boston: Beacon, 1963.

Kasser, Rodolphe. *Compléments au dictionaire copte de Crum*. Bibliothèque des études coptes 7. El Cairo: Institut français d'archéologie orientale, 1964.

—. *L'Évangile selon Thomas: Présentation et commentaire théologique*. Neuchâtel: Delachaux & Niestlé, 1961.

—. *Papyrus Bodmer VI: Livre des Proverbes*. Corpus Scriptorum Christianorum Orientalium 194–95, Scriptores Coptici 27–28. Lovaina: Corpus Scriptorum Christianorum Orientalium, 1960.

Kasser, Rodolphe, en colaboración con Colin Austin. *Papyrus Bodmer XXV–XXVI: Ménandre, La Samienne; Le Bouclier*. Cologny, Suiza: Bibliotheca Bodmeriana, 1969.

Kasser, Rodolphe, en colaboración con Sébastien Favre, Denis Weidmann, et al. *Kellia: Topographie*. Recherches suisses d'archéologie copte 2. Geneva: Géorg, 1972.

Kasser, Rodolphe, Michel Malinine, Henri-Charles Puech, Gilles Quispel, y Jan Zandee, eds. *Tractatus Tripartitus: Pars I, Pars II, Pars III.* 2 vols. Berna: Francke, 1973, 1975.

Kasser, Rodolphe, en colaboración con Victor Martin. *Papyrus Bodmer XIV–XV: Évangile de Luc, chap. 3–24; Évangile de Jean, chap. 1–15.* Cologny, Suiza: Bibliotheca Bodmeriana, 1961.

King, Karen L. *The Gospel of Mary of Magdala: Jesus and the First Woman Apostle.* Santa Rosa, CA: Polebridge Press, 2003.

—. *What Is Gnosticism?* Cambridge, MA: Belknap Press/Harvard University Press, 2003.

Klassen, William. *Judas: Betrayer or Friend of Jesus?* Minneapolis: Fortress, 1996.

Klauck, Hans-Josef. *Judas: Ein Jünger des Herrn.* Quaestiones Disputatae 111. Friburgo: Herder, 1987.

Klijn, A. F. J. *Seth in Jewish, Christian, and Gnostic Literature.* Leiden: E. J. Brill, 1977.

Krause, Martin, y Pahor Labib, eds. *Die drei Versionen des Apokryphon des Johannes im Koptischen Museum zu Alt-Kairo.* Abhandlungen des Deutschen Archäologischen Instituts Kairo, Koptische Reihe. Wiesbaden: Harrassowitz, 1962.

—. *Gnostische und hermetische Schriften aus Codex II und VI.* Abhandlungen des Deutschen Archäologischen Instituts Kairo, Koptische Reihe. Glückstadt: J. J. Augustin, 1971.

Layton, Bentley. *A Coptic Grammar with Chrestomathy and Glossary: Sahidic Dialect.* Porta Linguarum Orientalium, n.s. 20. Wiesbaden: Harrassowitz, 2000.

—. *The Gnostic Scriptures: A New Translation with Annotations and Introductions.* Garden City, NY: Doubleday, 1987.

Maccoby, Hyam. *Judas Iscariot and the Myth of Jewish Evil.* Nueva York: Free Press, 1992.

Mahé, Jean-Pierre, and Paul-Hubert Poirier, eds. *Écrits gnostiques.* Bibliothèque de la Pléiade. París: Gallimard, 2007 [en prensa].

Markschies, Christoph. *Gnosis: An Introduction.* London: T. & T. Clark, 2003.

Meyer, Marvin. *The Gnostic Discoveries: The Impact of the Nag Hammadi Library.* San Francisco: HarperSanFrancisco, 2005.

—. *The Gnostic Gospels of Jesus: The Definitive Collection of Mystical Gospels and Secret Books about Jesus of Nazareth*. San Francisco: HarperSanFrancisco, 2005.

—. *Las enseñanzas secretas de Jesús: cuatro evangelios gnósticos*. San Francisco: HarperSanFrancisco, 1992.

—, ed. *The Nag Hammadi Scriptures: The International Edition*. San Francisco: HarperSanFrancisco, 2006 [en prensa].

Montserrat, José. *Los gnósticos*. 2 vols. Madrid; Gredos, 1990.

Paffenroth, Kim. *Judas: Images of the Lost Disciple*. Louisville, KY: Westminster/John Knox, 2001.

Pagels, Elaine H. *Más allá de la fe: el evangelio secreto de Tomás*. Barcelona, Editorial Crítica, 2004.

—. *Los evangelios gnósticos*. Barcelona, Ed. Crítica, 2005.

Pearson, Birger A. *Gnosticism and Christianity in Roman and Coptic Egypt*. Studies in Antiquity and Christianity. Nueva York: T. & T. Clark International, 2004.

—. *Gnosticism, Judaism, and Egyptian Christianity*. Studies in Antiquity and Christianity. Minneapolis: Fortress, 1990.

Piñero, Antonio. *Textos gnósticos: Biblioteca de Nag Hammadi,* 3 vols. Madrid; Trotta, 2004.

Puech, Henri-Charles, ed., *Histoire des religions: II, La formation des religions universelles et des religions du salut dans le monde méditerranéen et le Proche-Orient, les religions constituées en Occident et leurs contre-courants*. Encyclopédie de la Pléiade. Paris: Gallimard, 1973.

Robinson, James M., ed. *The Nag Hammadi Library in English*. 3rd ed. San Francisco: HarperSanFrancisco, 1988.

Rudolph, Kurt. *Gnosis: The Nature and History of Gnosticism*. Traducción al inglés editada por Robert McLachlan Wilson. San Francisco: HarperSanFrancisco, 1987.

Schenke, Hans-Martin, Hans-Gebhard Bethge, y Ursula Ulrike Kaiser, eds. *Nag Hammadi Deutsch*. 2 vols. Die Griechischen Christlichen Schriftsteller der ersten Jahrhunderte, Neue Folge 8, 12. Berlín: Walter de Gruyter, 2001, 2003.

Schenke, Hans-Martin, and Rodolphe Kasser, eds. *Papyrus Michigan 3520 und 6868(a): Ecclesiastes, erster Johannesbrief und zweiter Petrusbrief im Fayumischen Dialekt.* Berlín: Walter de Gruyter, 2003.

Schneemelcher, Wilhelm, ed. *New Testament Apocrypha.* 2 vols. Traducción al inglés editada por R. McL. Wilson. Rev. ed. Cambridge, Inglaterra: James Clarke; Louisville, KY: Westminster/John Knox, 1991–92.

Scholer, David M. *Nag Hammadi Bibliography, 1948–1969.* Nag Hammadi Studies 1. Leiden: E. J. Brill, 1971.

—. *Nag Hammadi Bibliography, 1970–1994.* Nag Hammadi Studies 32. Leiden: E. J. Brill, 1997.

Sevrin, Jean-Marie. *Le dossier baptismal séthien: Études sur la sacramentaire gnostique.* Bibliothèque copte de Nag Hammadi, Section "Études" 2. Sainte Foy, Québec: Presses de l'Université Laval, 1986.

Stroumsa, Gedaliahu A. G. *Another Seed: Studies in Gnostic Mythology.* Leiden: E. J. Brill, 1984.

Turner, John D. *Sethian Gnosticism and the Platonic Tradition.* Bibliothèque copte de Nag Hammadi, Section "Études" 6. Sainte Foy, Québec: Presses de l'Université Laval; Lovaina: Peeters, 2001.

Unger, Dominic J., ed. *St. Irenaeus of Lyons: Against the Heresies, Book 1.* Ancient Christian Writers 55. Westminster, MD: Newman, 1992.

Van Oort, Johannes, Otto Wermelinger, y Gregor Wurst, eds. *Augustine and Manichaeism in the Latin West: Proceedings of the Fribourg-Utrecht International Symposium of the International Association of Manichaean Studies.* Leiden: E. J. Brill, 2001.

Williams, Michael A. *Rethinking "Gnosticism": An Argument for Dismantling a Dubious Category.* Princeton, NJ: Princeton University Press, 1996.

Wurst, Gregor. *Das Bemafest der ägyptischen Manichäer.* Arbeiten zum spätantiken und koptischen Ägypten 8. Altenberge: Oros, 1995.

—. *The Manichaean Coptic Papyri in the Chester Beatty Library: Psalm Book, Part II, Fasc. 1: Die Bema-Psalmen.* Corpus Fontium Manichaeorum, Series Coptica 1, Liber Psalmorum Pars 2, Fasc. 1. Turnhout: Brepols, 1996.

NOTA DEL EDITOR

Cuando la anticuaria de Zurich Frieda Tchacos Nussberger compró el antiguo códice que contiene el Evangelio de Judas en 2000, éste había estado en venta durante casi veinte años y viajado de Egipto a Europa y a Estados Unidos. Rodolphe Kasser, un suizo experto en esa clase de textos coptos, dijo que nunca había visto uno en peor estado. "El manuscrito era tan frágil que podía desmenuzarse al menor roce." Alarmada por su deterioro, Tchacos lo entregó a la Fundación Mecenas de Arte Antiguo, que reconstruyó y tradujo el manuscrito para finalmente devolverlo al Museo Copto de El Cairo. El proyecto de recuperación del códice, que combinaba arqueología, tecnología punta y un asunto de interés cultural, encajaba a la perfección con National Geographic. La Sociedad consiguió el respaldo del Waitt Institute for Historic Discovery, una fundación creada por el fundador de Gateway, Ted Waitt, para apoyar proyectos que mejoren el conocimiento de la Humanidad mediante la exploración histórica y científica.

La Sociedad y el Waitt Institute trabajarían con la Fundación Mecenas para acreditar el documento, continuar su reconstrucción y traducir el contenido del códice. Pero, primero, la conservadora Florence Darbre, con la ayuda de los estudiosos del copto Kasser y Gregor Wurst, tenía que resucitar el destrozado texto. Alguien había reordenado las páginas, y la parte superior de los papiros (con la foliación) estaba separada. Y un desafío aún mayor: casi mil fragmentos estaban diseminados como migajas. Darbre cogió los delicados trozos con pinzas y los colocó entre dos láminas de vidrio. Con la ayuda de un ordenador, ella y Wurst fueron capaces de reconstruir más del 75 por ciento del texto en cinco años de trabajo. Kasser, Wurst y Marvin Meyer, en colaboración con François Gaudard, tradujeron las veintiséis páginas del documento, una detallada relación de creencias gnósticas ocultas durante largo tiempo. Los estudiosos del cristianismo primitivo dicen que es el más impresionante descubrimiento de un texto desde hace décadas. Kasser dijo que "este escrito ha vuelto a salir a la luz por un milagro".

Para tener certeza de su edad y autenticidad, National Geographic Society sometió el códice al más estricto escrutinio posible sin dañarlo. Las pruebas incluyeron la datación más rigurosa de pequeñas muestras del papiro mediante carbono 14 y la consulta con eruditos de primera línea en copto con gran experiencia en paleografía y estudio de códices.

En diciembre de 2004 National Geographic Society entregó en mano las cinco minúsculas muestras al laboratorio de datación por radiocarbono mediante espectrometría de masas acelerada (EMA) de la Universidad de Arizona, en Tucson. Cuatro eran trozos de papiro del códice, y la quinta era una pequeña porción de cuero de la cubierta del libro con papiro adherido. No se dañó parte alguna del texto en la toma de muestras.

Al comienzo de enero de 2005 los científicos del laboratorio completaron su datación mediante radiocarbono. Aunque las edades obtenidas para cada muestra eran diferentes, la media del conjunto lo situaba entre los años 220 y 240, con un margen de error de sesenta años más o menos. Según el director del laboratorio, el Dr. Tim Hull, y el investigador Greg Hodgins, "las edades obtenidas para las muestras de papiro y de cuero son muy semejantes y sitúan la fecha de creación del códice entre los siglos tercero y cuarto".

Desde su descubrimiento al final de los años cuarenta, la datación por radiocarbono ha sido la prueba estrella para fechar objetos y materiales antiguos en campos que van desde la arqueología hasta la paleoclimatología. El desarrollo de la tecnología de espectrometría de masas acelerada ha permitido a los investigadores usar como muestra fragmentos diminutos del objeto, como se hizo en el caso del códice.

El laboratorio de EMA de la Universidad de Arizona tiene renombre mundial por su trabajo, incluida la exacta datación de los Rollos del Mar Muerto, que ha permitido a los estudiosos situar con precisión los rollos en su correcto contexto histórico.

El contenido y el estilo de lenguaje del códice es otra prueba de su autenticidad, según los expertos que lo han estudiado. Entre éstos se encuentra el doctor Rodolphe Kasser, antiguo profesor de la Universidad de Ginebra y uno de los principales traductores de la biblioteca de Nag Hammadi; Marvin Meyer, de la Universidad Chapman (en Orange, California); Stephen Emmel, profesor de estudios cópticos en la Universidad de Münster (Alemania) y Gregor Wurst, profesor de Historia Eclesiástica y Patrística de la Universidad de Augsburgo (Alemania). Kasser, Meyer y Wurst fueron fundamentales para la traducción de este códice. Según estos especialistas, las ideas teológicas del códice y su estructura lingüística son muy semejantes a las encontradas en la biblioteca de Nag Hammadi, una colección de textos principalmente coptos descubierta en Egipto en la década de 1940 y que también proviene de los primeros siglos del cristianismo.

"Este texto se ajusta mucho a ideas bien conocidas del siglo segundo. Incluso en su estado fragmentado es muy interesante, cuadra muy bien con el siglo segundo, especialmente con la época de mediados del siglo", dijo el Dr. Meyer. Emmel coincide con la opinión de Meyer de que el contenido del códice refleja una especial visión del mundo generalizada en el siglo segundo. "[Para inventar un documento así] habría que reflejar un mundo que es enteramente ajeno a cualquiera que conozcamos ahora. Un mundo con quince siglos de antigüedad… Eso es muy difícil incluso para los eruditos que dedican su vida a intentar entender estas cosas, así que ni hablamos de la posibilidad de que puedan hacerlo otras personas. Haría falta un auténtico genio para crear un objeto como éste y yo no creo que sea posible", dijo.

"No tengo duda alguna de que este códice es un objeto del periodo final del antiguo Egipto y de que contiene pruebas de trabajos auténticos de la antigua literatura apócrifa cristiana", añadió Emmel.

Además de que refleja una visión gnóstica del mundo, las pruebas paleográficas también respaldan la autenticidad del códice. El Dr. Emmel, experto en paleografía y caligrafía cóptica, afirma: "Está escrito con mucho cuidado por alguien que era escriba profesional. La clase de escritura me recuerda mucho a la de los códices de Nag Hammadi. La caligrafía no es idéntica a la de aquéllos, pero es de un tipo muy semejante.

"La cuestión de si alguien podría actualmente hacer un falsificación de un objeto como éste no tiene sentido; está fuera de lugar. No sólo tendría que disponer del material auténtico, el papiro, debería además ser papiro antiguo. También tendría que ser capaz de imitar la caligrafía copta de un periodo muy temprano. La cantidad de expertos en copto que pueden hacer eso en el mundo es muy reducida. También tendría que redactar el texto en un copto gramaticalmente correcto y convincente, y el número de personas que podrían hacer eso es aún más pequeño".

En un ulterior esfuerzo por asegurar la autenticidad del códice, se enviaron muestras de la tinta a McCrone and Associates, una empresa de reconocida solvencia en los análisis forenses de tinta. El análisis volvió a confirmar la autenticidad del documento. La microscopía electrónica de transmisión confirmó la presencia de negro de humo como principal componente de la tinta, y de goma como aglutinante, un resultado que encaja con las tintas usadas en los siglos tercero y cuarto. Mediante un método conocido como espectroscopía Raman, McCrone and Associates pudieron establecer que la tinta contenía algún compuesto de metal y galio, un resultado compatible con la tinta ferrogálica que se utilizaba en el siglo tercero.

Rodolphe Kasser, Doctor en Filosofía, profesor emérito de la Facultad de Artes de la Universidad de Ginebra; es uno de los coptólogos más importantes del mundo. Coordinó la restauración del Códice Tchacos y preparó su primera edición, que contiene el Evangelio de Judas y otros tres textos gnósticos en copto.

Marvin Meyer, Doctor en Filosofía, profesor de la Biblia y de Estudios Cristianos de la Universidad Chapman y Director del Instituto Albert Schweitzer de la Universidad Chapman; es uno de los eruditos más destacados en estudios gnósticos, la biblioteca de Nag Hammadi y los textos sobre Jesús fuera del Nuevo Testamento.

Gregor Wurst, Doctor en Filosofía, es profesor de Historia Eclesiástica y Patrística en la Universidad de Augsburgo, Alemania.

Bart D. Ehrman, Doctor en Filosofía, es profesor distinguido de la cátedra James A. Gray y Presidente del Departamento de Estudios Religiosos de la Universidad de Carolina del Norte, Chapel Hill, además de experto en las primeras épocas de la Cristiandad.

François Gaudard, Doctor en Filosofía, es egiptólogo e investigador adjunto en el Instituto Oriental de la Universidad de Chicago.

Gift
SEP - 5 2017